Bordeaux, mon amour

Das Buch

Der deutsche Feldwebel Heinz Stahlschmidt kommt mit der Wehrmacht als Besatzer nach Bordeaux. Aber schon bald verliebt er sich in die Stadt – und in die Französin Henriette. Da erhält er den Auftrag, den Hafen zu sprengen. Tausende Unschuldige müssten dabei sterben. Er entscheidet sich: gegen den Eid und für die Stadt seiner Geliebten. Er sabotiert den Plan und nimmt den Tod vieler Kameraden in Kauf. Bordeaux bleibt unzerstört, aber nun ist Heinz auf die Hilfe der Résistance angewiesen. Die dramatische Geschichte eines bislang unbekannten Kapitels im Zweiten Weltkrieg.

Der Autor

Erich Schaake, geboren 1942 in Bonn, ist Journalist, Biograph und Sachbuchautor. Er war viele Jahre Chefreporter des *Kölner Express* und veröffentlichte mehrere Biographien sowie die Dokumentation *Hitlers Frauen*, die in zehn Sprachen übersetzt wurde. Er lebt bei Bordeaux.

Erich Schaake

Bordeaux, mon amour

Eine Liebe zwischen Wehrmacht und Résistance

List Taschenbuch

Besuchen Sie uns im Internet:
www.list-taschenbuch.de

Ungekürzte Ausgabe im List Taschenbuch
List ist ein Verlag der Ullstein Buchverlage GmbH, Berlin.
1. Auflage Dezember 2011
© Ullstein Buchverlage GmbH, Berlin 2010/List Verlag
Umschlaggestaltung: bürosüd° GmbH, München,
unter Verwendung einer Vorlage von www.buero-jorge-schmidt.de
Titelabbildung: © Hulton-Deutsch Collection/Corbis
Abbildungen im Innenteil: Henriette Stahlschmidt
Satz: LVD GmbH, Berlin
Gesetzt aus der Sabon
Papier: Munken Print von Arctic Paper Munkedals AB, Schweden
Druck und Bindearbeiten: CPI – Clausen & Bosse, Leck
Printed in Germany
ISBN 978-3-548-61083-2

Pour Alinda, Adrien et Alexander.

Inhalt

Kapitel 1	*Aus Liebe zu einem Boche*	9
Kapitel 2	*Der Hafen des Mondes*	15
Kapitel 3	*Die besetzte Stadt*	27
Kapitel 4	*Träume in einer sterbenden Zeit*	49
Kapitel 5	*Der goldene Anker*	69
Kapitel 6	*Ausflug mit Risiken*	85
Kapitel 7	*Ein Junge aus dem Kohlenpott*	99
Kapitel 8	*Das Geständnis*	119
Kapitel 9	*Der längste Tag*	137
Kapitel 10	*Schlangengrube*	149
Kapitel 11	*Die letzte Nacht*	183
Kapitel 12	*Tag der Befreiung – Tag der Abrechnung*	211
Epilog		217
Danksagung		227
Bildteil		229
Quellen		235

Kapitel 1

Aus Liebe zu einem Boche

Niemand kennt ihre Zahl genau. Aber seriöse Schätzungen besagen, dass sich Hunderttausende junger Französinnen während des Zweiten Weltkriegs in Frankreich zwischen 1940 und 1945 mit deutschen Soldaten eingelassen hatten. 200 000 enfants de boches *sollen aus diesen Verbindungen hervorgegangen sein. Der französische Publizist Patrick Buisson spricht in einer kontroversen Studie gar von den »erotischen Jahren«: Die Soldaten der Wehrmacht hätten sich keineswegs nur als rücksichtslose Sieger und Barbaren aufgeführt. »Groß, gepflegt und gut gebaut«, hätten sie viele französische Frauen fasziniert. Man begegnete sich auf Dorffesten, bei der Arbeit in der Verwaltung oder im Hospital.*

Nach der Libération *wurden viele der Frauen, die sich mit deutschen Besatzungssoldaten eingelassen hatten, als* putains à boches *gebrandmarkt und der Kollaboration bezichtigt. Die Liebe zum Feind endete für sie traumatisch. Ihre Landsleute jagten sie feixend und höhnend durch die Straßen, und als Zeichen der Schande rasierte man insgesamt 20 000 Frauen den Kopf. So auch der Schauspielerin Mireille Balin, Femme fatale des französischen Films und Exgeliebte von Jean Gabin, die im Jahr 1942 Birl Desbok kennengelernt hatte, einen jungen Offizier, der an der Deut-*

schen Botschaft in Paris tätig war. Nach der Befreiung durch die Alliierten im Sommer 1944 flohen beide aus der Hauptstadt, wurden aber am 28. September in Beausoleil bei Nizza gefangen genommen. Balin, zunächst in Paris inhaftiert, wurde schließlich am 3. Januar 1945 gegen Kaution entlassen. Ihre Karriere konnte sie danach nicht mehr fortsetzen. Bis zu ihrem Tod im Jahr 1968 lebte sie in Armut und litt an Krankheiten und Alkoholproblemen.

Nur wenige dieser Frauen, denen man Käuflichkeit und »horizontale Kollaboration«, Profitgier und Unmoral vorwarf, entgingen dem entfesselten Volkszorn. Um ja nicht aufzufallen, vergruben sie sich und die »Deutschenkinder« in ihr Geheimnis. Dabei handelte es sich bei 95 Prozent dieser Beziehungen um echte Liebesgeschichten. Für viele Frauen – sie waren nicht selten minderjährig – war es sogar die erste Liebe.

Immer und immer wieder hatte sie diesen furchtbaren, sehr realistischen Traum: Die Männer zerrten die junge Frau wie eine entlaufene Hündin an einem Strick durch die Rue Bouffard. Man hatte ihr die Hände auf den Rücken gefesselt und ein Schild um den Hals gehängt. Die Aufschrift lautete: »*Vendue à l'ennemi*« – »Verkauft an den Feind«.

Als man sie in den Hof des Hotels *Lalande* brachte, sah sie, dass sich dort viele Menschen versammelt hatten, und sie vernahm ein Zischeln, das ihr wie eine bedrohliche Welle entgegenrollte. Sie begann am ganzen Körper zu zittern, denn sie sah nur hasserfüllte Augen, die sie anstarrten, als habe sie mit dem Teufel Unzucht getrieben.

»*Putain à boches*!«, höhnte eine Stimme, und immer mehr folgten. »*Poule à boches!*« – »Nutte der Deutschen!« Die Worte trafen sie wie Nadelstiche, und sie fühlte sich wie auf eine unsichtbare Folterbank gefesselt.

Der Kommandant der Résistance hob die Hand, das Zischeln in der Menge verstummte. Dann blickte er sie an.

»Wir werden deinen Fall mit Wohlwollen prüfen, wenn du bereit bist, die Wahrheit zu sagen. Bist du bereit?«

Sie nickte gequält.

»Dann lasst uns mit der Vernehmung beginnen«, sagte er.
»Wie alt bist du?«

»21 Jahre.«

»Beruf?«

»Verkäuferin.«

»Ist es wahr, dass du dich mit einem Nazi eingelassen hast?«

Sie sah sich verzweifelt um, als könne sie von den Menschen im Hof Hilfe erhoffen. Aber in den Gesichtern war kein Mitgefühl zu erkennen. Die Zuschauer schienen die öffentliche Verhandlung wie ein Schauspiel zu genießen. Und den meisten war anzusehen, dass sie ihr Urteil bereits gefällt hatten.

»*Elle a couché avec les sales boches!*« – »Sie hat es mit den dreckigen Deutschen getrieben!«, hörte sie eine Frau rufen. »*Alors, ça baise bien, un boche?*« – »Und, vögeln die Deutschen gut?«

Der Kommandant blickte sie an. »Was sagst du zu dieser Anklage?«

Für einen kurzen Augenblick schloss sie die Augen und dachte: Welches Verbrechen habe ich begangen? Lieben? Einen Feind? Einen Boche? Wer hat das Recht, über die Liebe zu richten?

Dann sagte sie: »Ja, ich gestehe, dass ich einen deutschen Soldaten liebe. Aber ist es denn strafbar zu lieben?«

»Du scheinst nicht begriffen zu haben, was es bedeutet, ein Deutschenflittchen zu sein«, gab der Kommandant mit eisigem Lächeln zurück. »Du bereust also nichts?«

Non, je ne regrette rien – ich bereue nichts, dachte sie, und einen Augenblick überkam sie das unwirkliche Gefühl, Statistin auf einer Bühne zu sein, auf der Szenen einer Hexenjagd aufgeführt wurden, mit dem Kommandanten als Inquisitor, der scheinbar alle Sonderrechte und Mittel besaß, um sie zu seinem willenlosen Objekt zu machen. Mein

Gott, dachte sie, lebe ich im Mittelalter oder in einem zivilisierten Land?

»*Tondez la salope!*«, hallte es über den Platz. »Schert die Schlampe!«

Wieder sah sie in das Meer der Gesichter, auf denen sich blindwütiger Hass spiegelte. Da wurde ihr klar, sie befand sich auf keiner Bühne, dies war kein Spiel, nein, dies war bitterer Ernst. Sie schien für diese Menschen mit einem nicht zu tilgenden Makel behaftet zu sein.

Weiter konnte sie nicht denken, denn in diesem Augenblick traten zwei Männer der Résistance hinter sie. Der eine drückte sie auf einen Stuhl, der andere packte sie an den Haaren, und plötzlich spürte sie das kalte Metall einer Haarschneidemaschine an ihrer Stirn.

* * *

»Was habe ich getan?«, flüsterte Henriette. Sie lag schweißnass in ihrem Bett, von dort starrte sie durch das Fenster hinaus in die Nacht.

»Bist du noch immer wach?«, fragte Heinz.

»Ich hatte wieder diesen Alptraum«, sagte sie. Ihr Kopf lag an seiner Schulter.

Er streichelte ihren Arm. »Warum quälst du dich? Versuch zu schlafen.«

»Es geht nicht«, sagte sie. »Ich muss immer an diese geschorene Frau denken. Es hätte mich genauso treffen können.«

»Wir haben schon so viele Male darüber gesprochen«, sagte er. »Sei froh, dass dieser Krieg und die Zeit des Hasses vorbei sind. Jetzt brauchst du keine Angst mehr zu haben. Morgen beginnt ein neues Leben, *mon amour*.«

Sie schmiegte sich an ihn, spürte seine gleichmäßigen Atemzüge an ihrem Hals und dachte daran, wie alles begonnen hatte.

Kapitel 2

Der Hafen des Mondes

Bordeaux, wirtschaftliches, politisches und geistiges Zentrum des französischen Südwestens mit einer Geschichte von weit mehr als 2000 Jahren, liegt etwa 45 Kilometer östlich der Atlantikküste an der Garonne, die sich in einem weiten Bogen durch die Stadt zieht. Der Hafen der Stadt wurde dem Verlauf des Flusses angepasst. Die Form einer Mondsichel verhalf ihm zum Namen Port de la Lune – Hafen des Mondes. Von hier aus wurden seit dem 18. Jahrhundert nicht nur Wein und andere Güter in alle Welt verschifft, sondern es fand zeitweise auch ein reger Handel mit Sklaven von den Antillen statt. Zwischen dem 1. Juli 1940 und dem 27. August 1944 war Bordeaux von Truppen der deutschen Wehrmacht besetzt, und der Hafen wurde von der Kriegsmarine zu einem wichtigen Stützpunkt ausgebaut.

Es war ein wunderschöner Maisonntag im Jahr 1943. Frühling in Bordeaux. Henriette liebte diese Jahreszeit wie keine andere. Die klamme Feuchtigkeit des Winters war vorbei. Bei Westwind duftete es in der Stadt nach Salz und dem süßen Harz der Pinienwälder der Gironde, und bei klarem Wetter kam es ihr vor, als könne sie in der Ferne das Meer leuchten sehen. Dann genoss sie es, unter den ersten wärmenden Strahlen der Frühlingssonne mit dem Fahrrad zum Port de la Lune zu fahren.

Sie liebte es, am Ufer der Garonne entlangzuflanieren bis zum Pont de Pierre, der ältesten Brücke der Stadt, die unter Napoleon erbaut worden war und dem Feldherrn dazu gedient hatte, gewaltige Truppenkontingente in Richtung Spanien zu verlegen. Bedenken der lokalen Würdenträger, die wegen der starken Strömung und der unberechenbaren Fluten gegen das Bauvorhaben waren, soll Napoleon mit dem Satz »*Impossible n'est pas français!*« abgetan haben – »Unmöglich ist nicht französisch«. Die Legende berichtet auch, dass die 17 Brückenbögen für die 17 Buchstaben des Namens »Napoleon Bonaparte« stehen.

Henriette hatte gerade den Pont de Pierre passiert und näherte sich den Chartrons, dem Viertel der Weinhändler mit seinem unverwechselbaren Flair: der von Sonne und

Salz durchdrungenen Luft, dem Geruch erlesener Weine und der Patina vergangener Jahrhunderte. Sie genoss jedes Mal den Hauch von Sinnlichkeit und Verschwendung, der über dieser Gegend lag. Spitzenarchitekten hatten an den kilometerlangen Hafenkais Mitte des 18. Jahrhunderts Meisterwerke merkantiler Baukunst geschaffen: die Porte de Bourgogne – das ehemalige Stadttor gegenüber dem Pont de Pierre –, das Palais de la Bourse – den Sitz der Börse – sowie beeindruckende Privathäuser, die wie Paläste erschienen.

Insbesondere durch diese Aura von Reichtum und Eleganz wirkte Bordeaux auf Henriette wie eine eindrucksvolle alte Dame aus der Belle Epoque, immer noch ganz Aristokratin. Und wie viele junge Mädchen träumte auch sie davon, eines Tages von den Bewohnern der feinen Bezirke hofiert zu werden, von einem Märchenprinzen, einem reichen Weinhändler etwa, der sie in eines dieser schönen Privathäuser mit wundervollem Blick auf die Garonne entführte. Sie würde mit ihm mehrere Kinder haben und ein sorgenfreies Leben führen, wie eine der eleganten Grandes Dames, die in der exklusiven Galerie Bordelaise einkaufen gingen und auf der Terrasse des Grand Café am Theater nachmittags ihren Kaffee tranken.

Doch es kam kein Märchenprinz. Stattdessen marschierten am 30. Juni 1940 deutsche Besatzungstruppen in Bordeaux ein. Henriette war damals 18 Jahre alt. Sie würde diesen Tag niemals vergessen.

* * *

»*Les allemands arrivent*!« – »Die Deutschen kommen!«, hatte ihr Vater gerufen, und schon aus seiner Stimme hatte sie heraushören können, dass sich etwas Anormales vollzog.

»Komm, wir gehen zum Place des Quinconces und sehen uns das Spektakel an«, fuhr er fort. »Einen besseren Deutschunterricht bekommst du vielleicht nie wieder geboten.«

Als sie sich auf den Weg machten, bemerkte Henriette, dass sich die Nachricht von der Ankunft der deutschen Truppen bereits wie ein Lauffeuer in der Stadt verbreitet hatte. In Massen strömten die Menschen zum Place des Quinconces. Sie sah den Schrecken auf den Gesichtern und spürte plötzlich Beklommenheit, ja Angst. Sie musste in diesem Augenblick daran denken, was über die Deutschen so alles erzählt wurde. Es hieß, dass sie kurzen Prozess mit Widerstandskämpfern machten und sie am nächsten Baum aufknüpften. Auch wurde behauptet, dass sie Kindern die Finger abschnitten.

Als sie mit ihrem Vater den Platz erreichte, sah sie, dass dort bereits Tausende dicht gedrängt zusammenstanden. Es herrschte eine fast unwirkliche Stille.

Mit einem Mal begannen die alten Pflastersteine unter ihren Füßen zu vibrieren, und sie hörte in der Ferne das Grollen von Motoren, das immer näher kam. Dann erspähte sie die ersten deutschen Panzer und konnte nun auch das harte Rasseln der Stahlketten hören.

»*Le diable arrive*«, jammerte eine Frau neben ihr – »Der Leibhaftige ist gekommen.« Ein älterer Mann heulte. »Die Deutschen werden uns tausend Jahre lang besetzen.«

Auch auf Henriette wirkten die Soldaten in der Uniform der Wehrmacht unbesiegbar. Nach den Panzern folgten unzählige Lastwagen, und Hunderte von Soldaten defilierten vorbei. Gesichter, die ihr wie aus Granit gehauen erschienen. *La race des seigneurs*, dachte sie – sieht so die Rasse der Herrenmenschen aus? Gegen ihren Willen war sie von der Disziplin und den Waffen der Deutschen beeindruckt.

»*Sales boches*«, knurrte ihr Vater.

Unverzüglich richteten die Besatzer im Rathaus ihr Hauptquartier ein, und ebenso eilig wurden überall Plakate in französischer Sprache angeschlagen, auf denen die neuen Herren von Bordeaux für die Bevölkerung eine Ausgangssperre von 21 Uhr abends bis 6 Uhr morgens anordneten.

In den nächsten Tagen erlebte Henriette, wie ihr Vater mit Entsetzen und Wut auf die Besetzung der Stadt reagierte. Sein Gesicht erschien ihr plötzlich verändert, härter, die Haut spannte sich über den Backenknochen, als könnte sie jeden Augenblick platzen. Seine Augen blickten zornig. So hatte sie ihn noch nie gesehen.

»Auch das gehört zum Deutschunterricht, oder es sollte in die französischen Geschichtsbücher geschrieben werden«, sagte er eines Morgens.

»Was?«

»Wie sich ganz Bordeaux bei den Boches anbiedert und mit ihnen Champagner trinkt. Ich hätte nie geglaubt, dass so etwas möglich ist.«

Er schwieg kurz und holte Atem. »Stell dir vor, der Präfekt hat den deutschen Kommandanten wie einen Verbündeten mit großem Bahnhof empfangen und ihm 48 Kletterrosen sowie ein Bukett von 12 Rosen in einer Kristallvase überreicht. Die Rechnung belief sich auf 912 Francs.«

Henriette erwiderte nichts, aber sie hörte, wie ihr Vater sich immer mehr in Rage redete.

»Auch unser ehrenwerter Bürgermeister hat sich nicht lumpen lassen. Er hat im mondänen Palais Rohan den deutschen Stadtkommandanten empfangen und ihm ein Aquarell von Bordeaux geschenkt. Und den Champagner noch obendrein. Selbst die höchsten Geistlichen der Stadt haben akzeptiert, dass die deutsche Stunde geschlagen hat, und in der Kathedrale Saint-André im Namen des Herrn einen Gebetsgottesdienst für die Besatzungsarmee abgehalten. Aus der heiligen Kommunion wird die heilige Kollaboration. Sogar Gott machen sie so zum Kollaborateur!«

* * *

Henriette näherte sich dem Port de la Lune, dem wunderschönen Hafen in Form einer Mondsichel, und sie musste daran denken, dass das Meer nur eine Stunde entfernt war und die Garonne mit ihrem hohen Tidenhub von acht Metern von jeher riesige Schiffe hierher getragen hatte. Sie erinnerte sich, wie einmal ein wunderschöner Schoner mit haushohen Masten und weißen Segeln wie ein majestätischer Schwan vor der alten Stadtkulisse vorbeigeschwebt war. Jetzt wurde das friedliche Stadtbild von einem anderen Szenario bestimmt. Statt der »weißen Schwäne« kamen Fregatten, deutsche Kriegsschiffe mit grauem Tarnanstrich. Henriette sah, dass mehrere Kanonenboote an den Kais festgemacht hatten. Ihre Geschütze zeigten nach Westen, wo das offene Meer lag.

Sie stellte ihr blaues Fahrrad ab und setzte sich auf die Kaimauer. Möwengeschrei vermischte sich mit den Geräuschen der Hafendocks, die Luft roch nach Salz und Dieselöl, und sie konnte sehen, wie das mit der beginnenden Flut einströmende Meerwasser den Fluss langsam zurückzudrängen begann und seinen Pegel anhob. Auf dem Oberflächenwasser bildeten sich Strudel und drehten die Sonnenfunken, die silbern auf dem Wasser tanzten.

Fasziniert verfolgte sie dieses Gezeitenphänomen, sah, wie der Fluss rückwärtszufließen begann, und merkte nicht, wie jemand von hinten an sie herantrat. Eine sonore Männerstimme riss sie aus ihren Gedanken:

»Bonjour, Mademoiselle. Sie dürfen sich hier nicht aufhalten. Das ist Sperrgebiet.«

Sie drehte sich um und erblickte einen jungen Soldaten. Er hatte helle, blaue Augen, war groß und schlank, trug Stiefel und die Uniform der deutschen Kriegsmarine. Ein Boche, zuckte es ihr durch den Kopf, und sie musste daran denken, dass auf allen Plakaten, die die Bürger von Bordeaux seit der Besetzung zum Widerstand aufforderten, die Eroberer stets als blauäugige und beutegierige »Herrenmenschen« dargestellt wurden. Im Volksmund, das wusste sie, war *boche* das berüchtigte Schimpfwort für die Deutschen. Es wurde schon seit dem Ersten Weltkrieg verwendet und war aus *alboche* entstanden. Statt *allemand* sagte man *alboche*, was so viel wie »Großkopferter« bedeutete.

Sie starrte den jungen Soldaten an und schätzte, dass er etwa fünf Jahre älter war als sie, also Mitte 20. Eigentlich konnte sie ihn sich nicht als stahlharten Eroberer und Feind vorstellen. Aber in diesen Zeiten musste man vorsichtig sein. Bordeaux war eine besetzte Stadt, und es kursierten viele schlimme Gerüchte über die Gestapo, deren Hauptquartier sich im Stadtteil Bouscat befand. Es gab Denunzianten, und fast täglich wurden Menschen verhaftet. Sie spürte, wie ihr bei dem bloßen Gedanken daran fröstelte.

»*Pas peur*, Mademoiselle!«, beruhigte der junge Soldat sie unbeholfen – sie solle keine Angst haben.

Erst jetzt wurde ihr bewusst, dass er Französisch sprach, zwar mit dem typischen harten Akzent der Deutschen, aber immerhin, sie konnte ihn verstehen. Er lächelte sie an, und plötzlich hatte sie das Gefühl, als müsse sie sich gegen etwas wehren. Gegen dieses Lächeln. Gegen diese Augen. Gegen das Blau. Es schien ihr jetzt von einem anderen Blau zu sein als die Augen des Feindes auf den Plakaten.

Ich verstehe das nicht, dachte sie und blickte ihn schweigend an. Die Stille wurde von einer Schiffssirene unterbrochen.

»Was suchen Sie hier im Hafen?«, fragte der Soldat.

Vorsicht, dachte Henriette. Sie wollte keine Schwierigkeiten bekommen und begann, nach einer Antwort zu suchen.

»Ich wollte mir den *mascaret* ansehen«, sagte sie.

Er hob die Augenbrauen. »Den *mascaret*? Kenne ich nicht.«

Sie lächelte ihn an. »*Mascaret*, so nennen wir eine Welle, die in der Mündung der Gironde entsteht und sich über viele Kilometer flussaufwärts bewegt, mitunter bis nach Bordeaux hinein.«

Es schien ihn zu interessieren, deswegen sprach sie weiter. »Das ist ein Naturschauspiel, das durch besonders starke Gezeitenkräfte entsteht und nur wenige Minuten dauert. Bei Flut drückt das einströmende Meerwasser den Fluss zurück, die Garonne fließt dann quasi rückwärts. Zweimal am Tag entsteht so eine etwa einen Meter hohe Welle, *la chanson de la vague.*«*

Der Soldat blickte sie ungläubig an. »Höre ich zum ersten Mal, dass ein Fluss rückwärtsfließen kann.«

»Sie glauben mir nicht?«

»Erst wenn ich die Welle mit eigenen Augen gesehen habe.«

»Es kann nicht mehr lange dauern«, sagte sie.

»Woher wissen Sie das?«

»Nach dem Gezeitenkalender kann man die Ankunft der Welle exakt voraussagen. Sie muss heute um 11.30 Uhr kommen.«

---

* Zu dt. etwa »das Lied der Welle«

Er blickte auf seine Uhr. »Also in knapp drei Minuten.«

Sie starrte auf die Garonne. Er folgte ihrem Blick, und jetzt sah er, dass der Fluss tatsächlich seine Richtung und auch seine Tiefe geändert hatte und rückwärtsfloss. Und dann sah er die Welle kommen und hörte, wie sie mit einem leisen Rauschen an den Kais entlangrollte.

»*La chanson de la vague!*«, sagte Henriette. »Glauben Sie mir jetzt?«

Er blickte sie an. »Ja. Das ist phantastisch.«

Dann sah er wieder auf den Fluss, der sich inzwischen geglättet hatte und auf dem sich jetzt der klare, wolkenlose Himmel spiegelte. Es war plötzlich sehr still. Henriette bewegte sich nicht. Sie wunderte sich über sich selbst, dass sie so ruhig dasaß, während neben ihr dieser Boche stand. Sie konnte sich eine angenehmere Gesellschaft vorstellen. Du solltest aufspringen und wegrennen, dachte sie. Aber sie blieb still sitzen.

Es war der Soldat, der das Schweigen brach. »Finden Sie nicht, dass dies ein schöner Frühlingstag ist, auch wenn Krieg herrscht?«

Sie nickte und blieb unbeweglich sitzen. Auf dem Geländer der Kaimauer landete eine Möwe und äugte zu ihnen herüber. Henriette beobachtete sie und merkte dabei, dass der Soldat sie unverhohlen musterte.

»Ich heiße Heinz«, sagte er.

Sie drehte ihren Kopf und sah sich ihn etwas genauer an. Er wirkte sehr schneidig in seiner Uniform, und erst jetzt fiel ihr auf, dass sein schmales, markantes Gesicht vom Wind und von der Sonne gebräunt war.

Er sah ihr in die Augen. »Und wie heißen Sie?«

»Henriette«, antwortete sie und biss sich sofort auf die

Lippen, als bereute sie es, dass sie so schnell ihren Namen preisgegeben hatte.

Er reichte ihr die Hand. Sie berührte sie nur kurz, spürte dabei aber durch ihre Fingerspitzen seine Haut. Sie fühlte sich warm und geschmeidig an. Dann stand sie auf, denn sie wollte es bei diesem Dialog belassen. Er ist ein Boche, dachte sie. Wenn man mich hier mit ihm sieht, gibt es nur Schwierigkeiten.

»Ich muss jetzt gehen«, sagte sie.

Er griff nach ihrem Arm. »Warten Sie!«

Was fiel ihm ein? Sie wollte sich losreißen. Aber sie fühlte sich seltsam wehrlos.

»Ich würde Sie gerne wiedersehen«, sagte er.

Sie schüttelte den Kopf. »Es war ein nettes Gespräch. Wir sollten es dabei belassen.«

Er blickte sie verständnislos an. »Warum denn?«

»Es ist besser so«, entgegnete sie.

Sie standen sich jetzt gegenüber. Er hielt sie immer noch am Arm fest. »Warum geben Sie mir nicht Ihre Adresse?«

»Das gibt nur Komplikationen«, sagte sie.

»Wo arbeiten Sie?«

»In einer Weinhandlung.«

Er lachte. »Weinhandlungen gibt's in Bordeaux wie Sand am Meer. Wollen Sie mir nicht sagen, wo genau?«

»In Saint Michel.«

Während sie dies sagte, erschrak sie über sich selbst. Mein Gott, dachte sie, was ist nur mit mir los, dass ich dieses Risiko eingehe und hier persönliche Dinge ausplaudere.

Plötzlich hatte sie genug von ihm. Sie atmete tief durch und schob seinen Arm zur Seite. Dann schwang sie sich auf ihr Fahrrad und trat heftig in die Pedale, ohne sich noch einmal umzudrehen.

»Auf Wiedersehen, Mademoiselle«, hörte sie seine Stimme in ihrem Rücken. »*A bientôt!*« – »Auf bald!«

Erst in diesem Augenblick wurde ihr klar, wie sehr er sie in seinen Bann geschlagen hatte. Die Augen, die Stimme, das Gesicht ... Sie hatte sich die ganze Zeit dagegen gewehrt, obwohl sie gerne mehr über ihn erfahren hätte. Aber sie hatte sich nicht getraut, ihn zu fragen. Dabei wollte sie unbedingt mehr über ihn wissen.

Bei diesem Gedanken fühlte sie etwas in ihr einen Hüpfer tun. Und im selben Augenblick setzte das ein, was ihr Leben für immer verändern sollte.

Kapitel 3

Die besetzte Stadt

Die französische Regierung war bereits am 14. Juni 1940 vor den unmittelbar auf Paris vorrückenden deutschen Truppen nach Bordeaux geflohen. Das sogenannte Vichy-Regime wurde von dem 84-jährigen Marschall Philippe Pétain geführt, der seit 1916 als Sieger von Verdun hoch verehrt wurde. Als er jedoch Adolf Hitler in Montoire-sur-le-Loir, 50 Kilometer westlich von Tours, die Hand schüttelte, fühlten sich viele Franzosen von ihm verraten und sahen in dem greisen Volkshelden nur noch eine Marionette des »Führers«.

Bald darauf nahmen die deutschen Repressionen zu. Neben einer rasch verhängten Ausgangssperre wurde die Polizeistunde der Cafés und Speiselokale auf 23.30 Uhr festgesetzt. Die Gestapo führte Razzien durch. Wer abgeschossene englische Piloten versteckte, dem drohte die Todesstrafe. Ab Mai 1942 wurde für die jüdischen Einwohner in Bordeaux der gelbe Stern eingeführt, zudem wurden Juden gegebenenfalls besonders drakonisch bestraft. So wurde ein jüdischer Mann, der mit einem Stock einen Tambourmajour des Spielmannszuges der Wehrmacht attackierte, zum Tode verurteilt. Die Geschäfte waren fast leer, die Lebensmittel wurden rationiert: Jedem Bürger zwischen 21 und 70 Jahren standen wöchentlich 275 Gramm Brot,

175 Gramm Margarine, 160 Gramm Fleisch, 250 Gramm Nudeln sowie monatlich 6 Kilo Kartoffeln zu. Die tägliche Kalorienzahl sank von 2400 auf 1200. Auf dem Schwarzmarkt explodierten die Preise.

Als Henriette an diesem Sonntag mittags gegen halb eins nach Hause kam, stand ihre Mutter Louise in der Küche und schälte Kartoffeln. Sie trug eine verblichene blaue Bluse, deren Ärmel hochgekrempelt waren.

»Wo warst du den ganzen Vormittag?«

»Ich bin mit dem Fahrrad zum Port de la Lune gefahren.«

»Was hast du denn dort verloren?«

»Ich wollte mir den *mascaret* ansehen.«

Ihre Mutter warf ihr einen vorwurfsvollen Blick zu. »Du weißt doch, in diesen Zeiten sollte man sich dort nicht aufhalten.«

»Schon gut, Maman«, beschwichtigte Henriette. »Du brauchst dir keine Sorgen zu machen. Mir ist ja nichts passiert.«

Erst jetzt fiel ihr auf, dass der Tisch mit der vergilbten Resopalplatte für vier Personen gedeckt war – ein Gedeck mehr als üblich.

»Wer kommt noch zum Essen?«

»Pierre«, antwortete ihre Mutter. »Er will gegen ein Uhr hier sein. Aber es kann auch länger dauern, falls er von einer deutschen Streife aufgehalten wird.«

Pierre war ein alter Freund von Henriettes Vater und betrieb im Médoc, zwischen Castelnau-de-Médoc und Carçans, eine Farm. Er kam einmal in der Woche und versorgte die Familie mit Nahrungsmitteln, die sonst auf dem Schwarzmarkt in Bordeaux ein Vermögen kosteten. Meistens brachte er Butter und Wurst mit, manchmal auch eine Ente oder einen Hasen und je nach Jahreszeit einen Korb mit frischem Spargel, Champignons, Tomaten und Radieschen. Im Augenblick war Spargelzeit, und sie konnten damit rechnen, dass er einige Stangen im Gepäck hatte.

Pierre war immer ein willkommener Gast – nicht nur als Lieferant, sondern auch als Kurier, der sie mit den neuesten Nachrichten aus dem Médoc versorgte. Er unterstützte die Résistance und war bestens über deren Aktionen informiert – und darüber hinaus natürlich auch über die Aktivitäten der Wehrmacht.

»Ruf mich, wenn Pierre da ist«, sagte Henriette und ging in ihr Zimmer. Es war einfach eingerichtet: ein Kleiderschrank, daneben eine Frisierkommode mit einem goldumrandeten ovalen Spiegel, neben dem Bett ein kleiner Schreibtisch aus Walnussholz. Sie musterte sich im Spiegel und löste den Schildpattkamm, der ihr Haar im Nacken zusammenhielt. Kastanienfarbene Locken fielen auf ihre Schultern. Sie hatte ein schmales, zartes Gesicht, das durch den weißen Teint der Haut fast zerbrechlich wirkte. In starkem Kontrast dazu standen ihre dunklen, fast schwarzen, tiefglänzenden Augen.

Une jolie fille – ein hübsches Mädchen, dachte sie und amüsierte sich zugleich über diesen Anfall von Selbstbewunderung. Seit sie 14 war, wusste sie, dass sie mit ihrem Spiegelbild zufrieden sein konnte. Sie spürte es jeden Tag an den Blicken der jungen Männer des Viertels.

Der Blick ihrer Augen im Spiegel erschien ihr heute noch intensiver als sonst. Aber er barg auch etwas Neues, etwas

Träumerisches, und Henriette fühlte zugleich eine angenehme Wärme in ihrem Körper.

Was ist los mit dir, dachte sie. Und plötzlich war es nicht mehr ihr Gesicht, das ihr aus dem Spiegel entgegenblickte. Es war das Gesicht des deutschen Soldaten, dem sie im Port de la Lune begegnet war. Sie sah ihn jetzt wieder deutlich vor sich stehen und fühlte erneut seinen Blick auf ihr ruhen, sah seine klaren offenen Augen, sein sandfarbenes Haar. Obwohl er die Uniform der Kriegsmarine trug, hatte er ihr keine Angst eingejagt. Er sah ganz anders aus als die Boches auf den Plakaten der Résistance, die sie vor dem Einmarsch der Deutschen gesehen hatte. Er hatte ein junges, unverdorbenes Gesicht, kaum viel älter als sie, mit einem ungezwungenen Lächeln auf den Lippen. Aber es kam ihr verrückt vor. Sie wusste nichts über ihn, weder, woher er kam, noch, welchen Beruf er hatte, wenn kein Krieg herrschte. Sie kannte nur seinen Vornamen.

Während ihr all dies durch den Kopf wirbelte, wurde ihr klar, dass sie eigentlich sehr wenig über Deutschland wusste. Obwohl ein Lehrer in der Schule erzählt hatte, dass der berühmte deutsche Poet Friedrich Hölderlin eine Zeitlang in Bordeaux als Hauslehrer tätig gewesen sei. Einmal hatte sie mit ihrer Klasse sogar Hölderlins Wohnung in dem dreistöckigen großbürgerlichen Wohnhaus von Konsul Meyer besichtigt. Es befand sich direkt am Anfang der eleganten Allée de Tourny. Vom Balkon des Hauses bot sich ein wundervoller Blick auf das Grand Théâtre de Bordeaux, ein typisches Beispiel klassizistischer Baukunst. Es war von dem Architekten Victor Louis als griechischer Tempel konzipiert worden. Auf der Balustrade des Balkons standen zwölf antike Statuen – neun Musen und drei Göttinnen. Der Lehrer hatte ihnen damals erzählt, diese Aussicht, der Anblick der Antike, habe Hölderlin bis ins hohe Alter hinein inspiriert.

Noch immer sah sie den Soldaten in Gedanken vor sich stehen. Er hatte ein markantes Gesicht, intelligente Augen, einen energischen Mund und hübsche Lippen. Sie war verwirrt, denn diese Erinnerung löste in ihr widersprüchliche Empfindungen aus. Sie schien nicht mehr Herrin ihrer selbst zu sein. Hatte sie ihm gefallen? War er verheiratet? Sie erschrak bei diesen Gedanken. Was geht mich das an, dachte sie, es kann mir doch egal sein. Ich werde ihn bestimmt nie wiedersehen. Und trotzdem wünschte sie sich inständig, dass er nicht verheiratet wäre.

Hör auf, an ihn zu denken, meldete sich ihr Gewissen. Wahrscheinlich ist sein sympathisches Auftreten nur eine Maskerade. Schließlich ist er als Besatzungssoldat nach Bordeaux gekommen, ein Legionär der Wehrmacht, die uns unterdrückt. Ich will nichts mehr von ihm wissen, *comme si de rien n'était* – als wenn nie etwas passiert wäre. Er trägt die Uniform der Wehrmacht und verkörpert den Krieg. Den Krieg, so wie die Deutschen ihn führen, mit Bombardierungen, Zwangsarbeitern, Deportationen, Erschießungen und Konzentrationslagern.

Sie konnte dies täglich in den Berichten von Radio London hören. Und sie erinnerte sich auch sehr gut, wie die Luftwaffe in der Nacht vom 19. auf den 20. Juni 1940 Bordeaux zum ersten Mal bombardiert hatte. Mit schrecklichen Folgen: 68 Einwohner waren getötet und 185 verletzt worden. Und wie jeder Bürger der Stadt wusste sie, dass die Gestapo im Laufe der Besatzungszeit ein dichtes Netz aus Furcht, Unterdrückung und Verfolgung über Bordeaux gesponnen hatte. Das Hauptquartier der deutschen Geheimpolizei befand sich im Stadtteil Bouscat. Vor ihren Agenten war niemand sicher. Fast täglich wurden Menschen verhaftet und gefoltert. Ein Boche war wirklich das Letzte, was sie sich als junges Mädchen erträumt hatte. Weiter an ihn zu denken war *temps perdu* – reine Zeitverschwendung.

Henriette wischte sich entschlossen mit der Hand über die Augen, und das Gesicht verschwand aus dem Spiegel. Es ist besser so, dachte sie. Ich darf keinen weiteren Gedanken an ihn verschwenden. Das ist nur *le goût de l'interdit* – der Reiz des Verbotenen.

Sie setzte sich an den Schreibtisch und begann, im Fotoalbum ihrer Jugendtage zu blättern. Erinnerungen an ihre Kindheit stiegen in ihr auf, als sie die Fotos aus den Sommerferien in Lacanau-Océan betrachtete. Der kleine Ort lag auf dem 45. Breitengrad, 40 Kilometer westlich von Bordeaux, direkt am Meer, und war seit seiner Gründung im Jahr 1906 ein beliebtes Ausflugsziel der Bürger der Stadt. Während die Hautevolee der Weinmetropole die Sommerferien in ihren feudalen Villen am ebenfalls nahe gelegenen Becken von Arcachon und in Cap Ferret verbrachte, galt Lacanau-Océan als das Ferienziel der kleinen Leute. Es gab eine Bahnverbindung, und wenn am Wochenende schönes Wetter herrschte, war der Zug zumeist bis auf den letzten Platz besetzt; halb Bordeaux pilgerte dann mit Kind und Kegel ans Meer.

Während Henriette die Strandbilder betrachtete, spürte sie eine starke Sehnsucht nach dem Meer. Sie erinnerte sich: Jedes Mal, wenn sie die meterhohen Dünen dort erklommen hatte und ihr Blick auf den Ozean fiel, wirkte er auf sie wie ein magisches und unsterbliches Wesen von unvorstellbarer Kraft, Energie und Größe. Ein Wesen, das wie eine Schlange seine Haut wechseln konnte. An fast windstillen Tagen im Sommer schien er friedlich zu schlafen. Dann kräuselte sich die Haut aus blauem Wasser nur leicht, als würde es trotz der flirrenden Hitze frieren. Aber das war selten der Fall. An anderen Tagen, vor allem im Frühjahr, Herbst und Winter, erwachte er urplötzlich aus seiner Lethargie und verwandelte sich in eine unberechenbare Schlange. Sie rollte, drehte sich wild nach allen Seiten und spuckte wütend weiße Wellen aus, deren unzählige Zungen wie auf Beutesuche über den Strand zischelten. Es schien, dass keine Kraft der Welt dieses Wesen zähmen konnte.

Einmal hatte Henriettes Vater einen langen Strandspaziergang mit ihr unternommen und ihr im Norden von Lacanau-Océan am Plage de l'Alexandre ein Schiffswrack gezeigt. Aus der Ferne sah es aus, als sei ein toter Wal vom Meer an den Strand gespült worden. Als sie näher kamen, konnte Henriette an der verrosteten Heckpartie den Namen lesen: *Le Cantabria*. Das Schiff war schon bis zur Hälfte im Sand versunken. Ihr Vater erzählte ihr, dass es sich um einen spanischen Frachter handelte, der hier auf Grund gelaufen war. An Bord hätten sich viele Emigranten befunden, die vor dem spanischen Bürgerkrieg geflohen seien.

Henriette hatte großen Respekt vor dem Meer und liebte es zugleich über alles. Das Bad in den schäumenden Wellen, die Gischtfahnen, die der Wind ihr ins Gesicht blies, die silbernen Wasserperlen auf ihrer Haut … Es war jedes Mal, als würden ihre Zellen elektrisch aufgeladen. Auch die Zeit nach dem Bad liebte sie: das Sonnenbad auf dem warmen, feinkörnigen, goldgelben Strand, wenn Sonne und Wind das Salz auf ihrer Haut trockneten und nur eine hauchdünne Kruste übrig blieb, die wie tausend winzige Nadeln prickelte.

Henriette ließ sich von ihren Gedanken treiben und saß wieder in dem Zug, der sie ans Meer brachte. Im Volksmund wurde er *train de plaisir* genannt, Zug des Vergnügens. Die alte Dampflok stieß weiße Rauchfahnen in den wolkenlosen Sommerhimmel, und die Waggons rumpelten in mäßiger Geschwindigkeit über die Gleise Richtung Westen. Die dunklen Wolken des nahenden Kriegs waren damals noch nicht am Horizont zu sehen. Sie ging zur Schule und wusste nicht einmal, was Krieg bedeutet, wusste nichts von Unterdrückung, von Gewalt, von Unrecht ...

An einem Feiertag war sie wieder einmal mit ihren Eltern ans Meer gefahren. Die Zugabteile waren dicht besetzt, und die Stimmung war ausgelassen. Die Männer rauchten Gauloises, diskutierten, wie es für echte Bordelaiser typisch war, die Qualität verschiedener Weinjahrgänge und stellten schon Prognosen für das nächste Jahr auf. Die Frauen unterhielten sich über die neuesten Pariser Modekreationen. In diesem letzten Sommer vor dem Krieg waren Kleider von Elsa Schiaparelli mit Blättern und Wildblumen, Apfelblüten und Walderdbeeren, vergoldeten oder emaillierten Insekten begehrt, ebenso Roben aus Tüll und Gaze und Satin in ausgefallenen Farben: polichinellegrün, pierrotblau, mezzetinrosa. Dazu spitze Clownhüte, Handtaschen wie Luftballons und mit Akrobaten und Elefanten bestickte Boleros.

Für Henriette und ihre Mutter waren diese schockierend schönen und sündhaft teuren Schöpfungen unbezahlbar. Modische Extravaganzen konnten sie sich nicht leisten. Sie trugen einfache, mit rosafarbenen Blumen bestickte Sommerkleider. Den Stoff hatte die Mutter auf einem Straßenmarkt im Bezirk Saint Michel gekauft. Auch die Kleider hatte sie selbst genäht.

Henriettes Vater Henri trug derbe Schuhe, eine beigefarbene Hose und darüber ein dunkelblaues verwaschenes Hemd aus grob gewebtem Stoff, die Arbeitsmontur der Austernfischer am Becken von Arcachon, dazu breite Hosenträger und am Gürtel ein Futteral mit einem Messer. Auf den Knien hatte er einen alten Rucksack mit einer Thermosflasche Kaffee, frischem Baguette, Käse, Pastete und Schinken, eine Tüte Obst sowie eine Flasche Weißwein deponiert.

Der Zug passierte die kleine Ortschaft Sainte Hélène. Hier begannen die typischen Pinienwälder der Region, ein von Menschen erschaffenes riesiges Waldgebiet, das sich wie ein grünes, nach Harz duftendes Meer bis an die Küste erstreckte. Henriette saß am offenen Fenster des Abteils. Der Fahrtwind spielte mit ihrem Haar, und sie konnte den Duft der Pinien riechen. Sie mochte diesen Geruch. Er wirkte auf sie wie ein Sommermärchen. Auf der Abteilbank neben ihr begann ein alter Mann, an einem Koffergrammophon zu kurbeln, und legte eine schwarze Schellackplatte auf. Gleich darauf ertönte die betörende Stimme von Edith Piaf. Sie sang »C'est lui, que mon cœur a choisi« – »Er ist der, den mein Herz erwählt hat«. Die Mitreisenden lauschten fasziniert, auch wenn mit jeder noch so winzigen Erschütterung des Zuges die Grammophonnadel ein paar Rillen weitersprang. Piaf verkörperte für sie alle *la voix de l'amour*, die Stimme der Liebe, und die pure Lust am Leben, aber auch viele Abgründe und zahlreiche Schicksalsschläge.

Jeder im Abteil kannte die Geschichte dieser Frau, deren Mutter Prostituierte gewesen war und die als Edith Gassion in der Arrestzelle eines Polizeireviers geboren wurde. Noch als Säugling kam sie in die Obhut ihrer Großmutter, die sie fast verhungern ließ. Dann nahm der Vater, ein Artist, sie zu sich. Mit sieben Jahren ging sie auf Tournee mit ihm, sang mit zehn bereits auf den Straßen von Paris und bettelte um Geld. Als sie die Gewaltausbrüche ihres Vaters nicht mehr ertrug, trennte sie sich von ihm – da war sie 15.

Auf den Avenues des Champs-Élysées wurde sie von Louis Leplée entdeckt, dem Revuekönig und Betreiber des Pariser Kabarettclubs *Le Gerny's*. Von ihm erhielt die nur 1,47 Meter große Édith ihren Künstlernamen: *La Môme Piaf* – der kleine Spatz. Um die chronischen Schmerzen, an denen sie wegen der ständigen Misshandlungen in ihrer Kindheit litt, zu betäuben, nahm sie Tabletten und trank Unmengen Alkohol. Ihre zahllosen Entziehungskuren blieben ohne Erfolg. Immer auf der Suche nach Liebe und Geborgenheit, hatte sie unzählige Affären.

Leise summte Henriette das Chanson mit, das von einer Liebe handelt, die keine Worte braucht, von instinktivem Verstehen, von Leidenschaft, von Nähe und Glück, und sei es nur für einen Tag:

... Il n'a pas besoin de parler
Il n'a rien qu'à me regarder
Et je suis à sa merci
Je peux rien contre lui
Car mon cœur l'a choisi ...

(Er braucht nicht zu sprechen
Er muss mich nur ansehen
Und ich bin ihm dankbar
Ich kann nichts gegen ihn tun
Weil mein Herz ihn gewählt hat ...)

Henriette schaute aus dem Zugfenster und überließ sich ihren Träumen. Der *train de plaisir* näherte sich jetzt Le Moutchic. Die Bahnstation lag auf einer Anhöhe, von der aus man einen großartigen Blick über den See von Lacanau hatte. An diesem Julitag war der Himmel strahlend blau.

Kein Windhauch rührte sich. Die Oberfläche des Sees schimmerte wie Perlmutt, eingerahmt vom Grün der Pinienwälder. Bald schon konnte Henriette auch den kleinen Strand von Le Moutchic sehen und die wunderschöne Villa am linken Seeufer. Mit ihren Türmchen und Zinnen sah sie aus wie ein verwunschenes Märchenschloss. Während des Ersten Weltkriegs hatten die Amerikaner hier ihr Hauptquartier aufgeschlagen, eine Pilotenschule eingerichtet und den See als Basis für eine Staffel von Wasserflugzeugen benutzt.

In seiner Mitte lag eine wildromantische Insel mit einem kleinen Sandstrand. Einmal hatte ihr Vater ein Kanu gemietet, und sie waren dorthin gepaddelt und hatten auf der Insel ein Picknick gemacht. Er hatte einen Zander gefangen und dann mit ihr zusammen trockenes Holz gesammelt, ein Feuer entzündet und den Fisch am Strand der Insel gegrillt. Es war heiß gewesen an jenem Tag, und ein milder Wind hatte vom südlichen Seeufer, einem sumpfartigen, überwiegend mit Schilf bewachsenen Gebiet, den süßen Duft wilder Kräuter herübergetragen. Über ihr in den Baumwipfeln hatte Henriette gehört, wie Pinienzapfen knackend in der Hitze aufplatzten, während einige Wildenten schnatternd das Weite suchten. Während des Essens hatte ihr Vater erzählt, dass der See vor Jahrhunderten mit dem Meer verbunden gewesen sei, und lachend hinzugefügt, dass sich hier einst Piraten versteckt hätten. Henriette, damals noch ein Kind, hatte eine Gänsehaut bekommen.

Der Zug verlangsamte seine Fahrt und fuhr nun fast im Schneckentempo. Ein paar junge Männer sprangen übermütig von den Trittbrettern der Waggons und veranstalteten ein Wettrennen mit dem Gefährt, das Mühe hatte, die Steigung zu erklimmen. In einer dichten Dampfwolke kam es an der Bahnstation schließlich zum Stehen. Ein Teil der

Fahrgäste stieg aus und verabschiedete sich mit einem »*A plus tard*« – »Bis später«. Sie würden den Feiertag am See verbringen. Die anderen wollten weiter ans Meer.

Nach kurzem Halt setzte der Zug seine Fahrt fort. Bis Lacanau-Océan waren es nur noch wenige Kilometer, und Henriette schien es, als könne sie schon die *rouille* riechen, eine schaumige Mischung aus Seegras und Algen, brackigem Meerwasser und von der Sonne getrockneten Muschel- und Austernschalen, die überall am Strand herumlagen. Allmählich lichtete sich der dichte Pinienwald, und eine Dünenlandschaft mit spärlicher Vegetation breitete sich vor ihnen aus. Dann kamen die ersten Häuser in Sicht; der Zug näherte sich der Bahnstation von Lacanau-Océan.

Jedes Mal, wenn Henriette in den Ort kam, verspürte sie den Zauber einer bizarren, entrückt wirkenden Welt, deren Kulisse ein verrückter Architekt für einen Film entworfen haben könnte. Sie glich einer Mischung aus Mondlandschaft und Belle Epoque, Far West und Années Folles. Ein kurioses Sammelsurium vereinzelter wunderschöner Villen und simpler Bretterbuden, alles auf Sand gebaut. Denn den gab es hier im Überfluss – goldgelber Sand, so weit das Auge sah.

Von ihrem Vater wusste sie, dass dieser künstliche Ort tatsächlich auf dem Reißbrett geplant worden war. Er war die Kreation des Unternehmers und Eisenbahnmagnaten Pierre Ortal, der die Bahnlinie *Chemins de Fer Landes* betrieb. 1884 war er auf die Idee gekommen, eine neue Strecke von Bordeaux Saint Louis bis ans Meer zu legen und in den Sanddünen eine *station balnéaire*, ein Seebad, zu errichten. Nach Fertigstellung der Bahnlinie hatte es nicht lange gedauert, bis die ersten Villen entstanden. Einer der ersten Eigentümer war der Architekt Pierre Durand. Er baute für seine Frau die Villa *Plaisance*, ein zauberhaftes Palais, und gleich gegenüber die Villa *Stella*, um die sich schon bald pikante Gerüchte rankten. Es hieß, er habe sie als Liebestempel für seine Mätresse entworfen.

Auf dem Weg zum Strand kaufte Henriettes Vater an einem Austernstand zwei Dutzend der frischen Meeresfrüchte. Dann gingen sie zum Meer. Als sie oben auf der Düne standen, bot sich ihnen ein faszinierendes Schauspiel. Wie mit dem Lineal gezogen, rollte von Westen her eine kräftige Dünung an die Küste und brach sich an den vorgelagerten Sandbänken. Die Wellen zogen weiße Gischtfahnen hinter sich her, sie hingen im gleißenden Sonnenlicht sekundenlang wie Schleier in der Luft, um sich dann wieder mit dem Meer zu vereinigen.

Henriette atmete den feuchten Wind ein. Sie konnte den warmen Strand riechen und lief die Düne hinunter. Der Sand fühlte sich unter ihren Füßen wunderbar weich an. Am Strand zog sie ihr Kleid bis zu den Knien hoch und watete ins Wasser.

Wie immer in solchen Augenblicken fühlte sie sich frei und glücklich. Sie sah die heranrollenden weißen Schaumteppiche und hörte das Tosen der Brandung. In ihren Ohren klang es wie ein Liebeslied. Sie dachte daran, dass die Beziehung zwischen ihr und dem Meer wie Liebe auf den ersten Blick gewesen war. Bei diesem Gedanken musste sie lächeln.

Sie lief zu ihren Eltern, die es sich am Strand bequem gemacht hatten. Ihre Mutter hatte eine karierte Tischdecke ausgebreitet, und ihr Vater war dabei, den Proviant aus dem Rucksack hervorzuholen. Er entkorkte den Weißwein und begann dann, die frischen Austern mit seinem Messer zu öffnen.

Ganz in der Nähe spielten Kinder Krieg – völlig sorglos und ausgelassen johlend. Als Gewehre dienten ihnen gebleichte Holzstöcke, die sie am Strand gefunden hatten. Sie hatten zwei Gruppen gebildet: Eine trat als französische Armee auf, die andere als Wehrmacht. Ein Junge, der einen deutschen Soldaten spielte, konnte sogar ein paar Brocken Deutsch und versuchte damit laut schreiend seinen Gegner zu beeindrucken: »Bleib stehen! Peng, Peng, Peng! Du bist tot!«

»Sie haben keine Ahnung, was Krieg bedeutet«, murmelte Henriettes Vater.

Sie blickte ihn irritiert an. »Glaubst du, dass es Krieg geben wird?«

Er überlegte kurz, dann sagte er: »Jeder wartet auf ein Wunder, dass es nicht geschieht. Aber diesem verrückten Gefreiten in Berlin ist alles zuzutrauen.«

Seine Frau räusperte sich. »Du meinst diesen Hitler.«

Er nickte. »Ja. Vor dem ist niemand sicher, auch wir nicht. Aber die französische Armee wird ihm, wenn es zum Krieg kommt, bestimmt eine Lektion erteilen.«

Sie schwiegen einen Augenblick nachdenklich, nur die Brandung war zu hören. Doch für Henriette hatte das Rauschen der Wellen mit einem Mal nichts mehr von einem Liebeslied, sondern klang wie das ferne Donnern von Kanonen. Sie fröstelte.

Sie blieben bis zum späten Nachmittag am Strand. Dann gingen sie zur Bahnstation und stiegen in den Zug, der sie zurück nach Bordeaux brachte, während die Sonne wie ein roter Feuerball über dem Ozean glühte.

* * *

Henriette klappte das Fotoalbum zu, legte es auf ihren Schreibtisch zurück und dachte daran, dass jetzt niemand mehr zum Baden ans Meer fahren konnte. Die Wehrmacht hatte auch Lacanau-Océan besetzt und den Strand zum Sperrgebiet erklärt. In Bordeaux erzählte man sich, die Boches hätten die schönen Villen beschlagnahmt und sich dort einquartiert. Und auch der See in Le Moutchic sei gesperrt worden, weil die Wehrmacht dort dreimal in der Woche Schießübungen abhalte.

Aus der Traum, dachte sie und verspürte eine tiefe Traurigkeit. In diesem Augenblick klopfte es an ihre Zimmertür. Es war ihre Mutter. »Pierre ist gerade eingetroffen«, sagte sie.

Henriette stand auf und folgte ihr in die Küche, wo sich der Freund mit ihrem Vater unterhielt. Er hatte ein sympathisches Hamstergesicht, das von einem bleistiftdünnen Menjoubärtchen geziert wurde. Man sah ihm an, dass er ein Bonvivant war, ein Gourmand, der keine Mahlzeit ausließ und kein Glas Wein halbgefüllt stehen ließ.

»*Salut, ma belle!*«, begrüßte er sie und drückte ihr auf jede Wange einen beherzten Kuss. »Du wirst von Tag zu Tag hübscher.«

Dann öffnete er seinen Rucksack. Er hatte tatsächlich frischen Spargel aus Brach mitgebracht, außerdem eine Dose mit eingelegter Entenbrust, Pastete, Wurst, ein Glas Honig und eine Flasche alten Cognac.

Henriettes Vater nahm sie in die Hand. »Wo hast du denn die aufgegabelt?«

Pierre lachte. »Habe ich einem Boche abgeschwatzt und ihm dafür ein Hühnchen angedreht.«

Die Männer setzten sich an den Tisch. Henriette holte zwei Gläser, stellte sie vor ihnen hin und sah zu, wie ihr Vater den Cognac in die Gläser füllte.

»*Santé!*«, rief Pierre und stieß mit ihrem Vater an.

Henriette drehte sich zu ihrer Mutter, die inzwischen am Spülbecken stand und begonnen hatte, den Spargel zu schälen. Sie holte sich ebenfalls ein Messer aus dem Küchenschrank und begann ihr zu helfen, während sich die Männer unterhielten.

»Wie ist die Lage im Médoc?«, fragte ihr Vater. »Hier in Bordeaux kursieren viele Gerüchte. Es heißt, dass die Organisation Todt im Auftrag Hitlers mit dem Bau eines riesigen Walls entlang der Atlantikküste begonnen hat – vom Nordkap in Norwegen bis zum Golf von Biscaya.«

Pierre nickte. In der Tat waren im Médoc bereits Betonpisten hinter den Dünen angelegt worden, damit Lastwagen das Material zum Bau der Bunker heranschaffen konnten. Tausende spanische Zwangsarbeiter und afrikanische Kriegsgefangene verschiedener Nationalitäten hatte man zwangsrekrutiert, um selbst am unzugänglichsten Sandstrand riesige Betonfestungen zu bauen. Insgesamt waren 10 000 Bunker geplant, hieß es. Offenbar gingen die Deutschen davon aus, dass englische und amerikanische Truppen versuchen würden, genau dort an der Küste zu landen, und die Reihe von Bunkern sollte sie daran hindern.

»Die Festungen sind mit schweren Geschützen ausgerüstet und haben fünf bis sechs Meter dicke Außenmauern, sagt man – denen könnten auch schwere Bombentreffer nichts anhaben«, sagte Pierre. Dann verfinsterte sich seine Miene. »Manche Leute in Bordeaux schwadronieren vom achten Weltwunder am Atlantik, von dessen Bau auch französische Unternehmen profitieren würden. Die gigantische Baustelle sei für große Teile der Bevölkerung zudem ein willkommener Broterwerb. Meine Güte ... Ohne diese *collabos* wäre der Bau wohl kaum möglich.«

»Nein, ganz bestimmt nicht«, grummelte Henriettes Vater.

»Der Strand von Lacanau-Océan ist inzwischen vermint worden«, fuhr Pierre fort. »Und eine indische Legion wurde dort zur Verstärkung der Wehrmacht stationiert – jawohl, ein Freiwilligen-Kontingent aus indischen Kriegsgefangenen wie auch Zivilisten, die zuvor in Deutschland gelebt haben. Die Azad-Hind-Legion, wie sie genannt wird, besteht zu zwei Dritteln aus Moslems und zu einem Drittel aus Hindus. Ihr werdet es nicht glauben: Die indischen Legionäre tragen die Wehrmachtsuniform und dazu den Turban der Sikhs!«

Henriette blickte Pierre ungläubig an. »Indische Soldaten mit Turban in Lacanau-Océan? Du willst uns wohl einen Bären aufbinden!«

Pierre lächelte sie an. »Keineswegs, *ma belle*. Aber ich kann gut verstehen, dass du dir das nicht vorstellen kannst. In dieser Gegend sind wir so einen Anblick wirklich nicht gewohnt: Sikhs und Hindus mit gelben Turbanen, langen Bärten, schulterlangen Haaren und schwarzen Augen. Aber ich war in den letzten Tagen in Lacanau-Océan und habe diese Exoten mit eigenen Augen gesehen. Ich glaube, es handelt sich um ehemalige Angehörige der britischen Armee, die in Nordafrika gegen die Deutschen gekämpft haben und dabei dort gefangen genommen wurden. Deswegen tragen viele von ihnen auch khakifarbene Hemden und Shorts – viel zu dünn für das Klima hier. Den anderen hat man die gleiche Uniform wie den deutschen Soldaten verpasst, nur in einer anderen Farbe: Die Uniformen der Deutschen sind grau, die der Sikhs hingegen khakifarben.«

Khakifarbene Wehrmachtsuniformen – das passte nun gar nicht zu den Herrenmenschen, dachte Henriette.

»Mit ihren Turbanen und riesigen Schnauzbärten können sie einem wirklich Angst einjagen, und bei einigen habe ich gesehen, dass sie zentimeterlange Daumennägel haben. Das scheint bei ihnen so Mode zu sein«, meinte Pierre. »Aber für mich sind das nicht die ›indischen Tiger‹, für die viele sie halten, sondern arme Schweine, Kriegsgefangene, die gezwungen worden sind, den Fahneneid auf Hitler zu leisten, und die man dann der Waffen-SS unterstellt hat. Sie sind bestimmt keine Nazis, sie wären sicher lieber in Indien bei ihren Familien als hier, um den Atlantikwall zu bewachen und unsere Wälder und den Marquis* nach Résistance-Kämpfern zu durchkämmen. Sie sind sicher weniger gefährlich als die Deutschen. Sie sind schlechter ausgerüstet und besitzen nicht die gleiche Disziplin. Man hat sie in einem Barackenlager zwischen Le Huga und Le Moutchic einquartiert. Dort spielen sie jeden Tag Hockey.«

Pierre legte eine Pause ein und nahm einen kräftigen Schluck Cognac.

»Hast du auch aktuelle Informationen über die Résistance?«, fragte Henriettes Vater. »In gewissen Bistros hier wird viel über den Widerstand palavert. Klingt aber alles sehr widersprüchlich. Fast alle behaupten in der Résistance zu sein, aber meines Wissens hat es bisher in Bordeaux noch keine Konfrontationen mit der Wehrmacht gegeben.«

»Wundert dich das?« Pierre lachte verächtlich. »Es ist dir doch bekannt, dass unser lieber Präfekt Maurice Papon gemeinsame Sache mit den Boches macht. Und dass er in seiner Eigenschaft als Polizeichef die jüdische Bevölkerung deportieren lässt.«

---

* Wilde Landschaft im Norden des Médoc, geprägt durch Sumpf und Gebüsch.

Henri schnaufte wütend. »Dafür wird ihm hoffentlich eines Tages der Prozess gemacht. Und dabei gleich auch dieser üblen Pétain-Bande von Beamten, Händlern und Polizisten, die sich längst mit der Wehrmacht arrangiert haben.«

Pierre lachte amüsiert. »Machen wir uns nichts vor. Die Franzosen waren noch nie ein Volk von Helden.«

»Ich hoffe nur, diese schwarzen Jahre sind bald vorbei«, seufzte Henri.

»Ja«, sagte Pierre. »Darauf lass uns anstoßen!«

Sie blickten sich an, hoben ihre Gläser, tranken und schwiegen ein paar Sekunden. Dann ergriff Pierre wieder das Wort.

»Es gibt sie, die echte Résistance: Männer, die nicht mit den Boches per du sind, sondern täglich ihr Leben riskieren. Du kannst mir glauben: Seit in London General de Gaulle den Widerstand organisiert, bekommt die Résistance vor allem im Nord-Médoc immer stärkeren Zulauf – dort hat sie einen geheimen Stützpunkt. Ich kenne sogar einige Château-Besitzer, die es nicht nur beim passiven Widerstand belassen. Sie verfügen über ideale Möglichkeiten, riesige Keller, in denen Waffen gelagert und Leute versteckt werden können. Aber sie müssen höllisch aufpassen. Denn die Wehrmacht kontrolliert alles und jeden und knüpft jeden Verdächtigen sofort am nächsten Baum auf.«

Henriette fuhr bei dieser Vorstellung zusammen. Pierre erzählte weiter.

»Trotzdem gehen einige Winzer dieses Risiko ein. Ich kann sie gut verstehen. Sie haben einfach die Schnauze voll davon, dass die Wehrmacht ihre Weinkeller plündert und die besten Jahrgänge diesem Reichsmarschall Göring in Berlin schickt. Der Lump kriegt den Hals nicht voll davon.

Und ausgerechnet dem haben wir es zu verdanken, dass wir mit 1200 Kalorien am Tag auskommen müssen.«

Pierre genehmigte sich einen weiteren Schluck Cognac. »Zum Glück ereignen sich in diesen miesen Zeiten auch amüsante Geschichten. Stell dir vor, ausgerechnet ein deutscher Weinhändler, der hier schon lange Geschäfte macht und viele französische Freunde hat, soll Göring statt einer Kiste Château Mouton Rothschild eine Kiste mit *vin ordinaire*, ganz gewöhnlichem Landwein, geschickt haben. Er meinte, ein Mouton Rothschild sei viel zu gut für den Naziführer, und besorgte sich echte Etiketten. Die hat er dann auf die Flaschen mit dem billigen Wein geklebt und diese nach Berlin geschickt.«

»Das hätte ihm aber mächtig Ärger einbringen können, oder?«

Pierre grinste. »Offenbar hat Göring nichts gemerkt. Ein weiterer Winzer, den ich kenne, wendet einen anderen Trick an, um seine exklusiven Jahrgänge vor der Wehrmacht zu sichern. Er hat die besten Flaschen eingemauert und die mit den jungen Weinen mit Staub gepudert, so dass sie alt aussehen. Die bietet er den Boches dann als uralte Raritäten an.«

Henri konnte sich ein Lachen nicht verkneifen. »Chapeau! Auf diese Idee muss man erst mal kommen.«

Wenig später war das Essen fertig. Sie aßen den frischen Spargel, die Entenbrust und dazu gekochte Kartoffeln. Henriette schmeckte es wunderbar, denn Fleisch stand immer seltener auf dem Speiseplan. Die Preise dafür waren in schwindelerregende Höhen gestiegen. Fleisch war inzwischen ein Luxus, den sich eigentlich nur noch reiche Leute und Kollaborateure leisten konnten. Es sei denn, man hatte einen Freund, der Pierre hieß.

Nach dem Essen knipste ihr Vater das Radio an und stellte den Empfänger auf Radio London ein. Henriette erinnerte sich, dass er früher auch Radio Paris gehört hatte. Aber seit der Besetzung schaltete er diesen Sender nicht mehr ein. Er hatte ihr auch erklärt, warum. »Radio Paris lügt. Radio Paris ist deutsch.«

Im Lautsprecher knackte und rauschte es eine Weile. Dann ertönte die unverwechselbare Stimme des Generals. In einer kurzen Ansprache forderte de Gaulle seine französischen Mitbürger auf, den Mut nicht zu verlieren und an den Sieg der gerechten Sache zu glauben. Im Bündnis mit England und mit Amerika werde Frankreich die einstige Freiheit und Größe wiedererlangen.

Als ihr Vater nach der Rede des Generals das Radio abschaltete, sah Henriette, dass er Tränen in den Augen hatte. Auch Pierre schien gerührt. Ein paar Sekunden lang herrschte Schweigen. Dann wandte Henri sich ihr zu.

»Das war General de Gaulle.«

Sie nickte und sah die Hoffnung in seinen Augen.

»Bald werden wir frei sein«, sagte er. »Und dann können wir auch wieder ans Meer fahren.«

Kapitel 4

Träume in einer sterbenden Zeit

Obwohl sich Bordeaux in den Augen seiner Einwohner in eine deutsche Kaserne verwandelt hatte, versuchten sich die Menschen, so gut es ging, von den Repressalien abzulenken. Sie drängten in die Kinosäle des Olympia *und des* Apollo *und amüsierten sich über Komiker wie Fernandel, um den Krieg zu vergessen. Einer der beliebtesten Filme dieser Zeit aber war Marcel Carnés* Les Visiteurs du Soir (Die Nacht mit dem Teufel) *aus dem Jahr 1942, ein allegorisches Werk über teuflische Machtspiele und die Grenzen von Gut und Böse, ein Film, den viele Franzosen als Gleichnis für ihr eigenes Schicksal in der Zeit der Besatzung verstanden. Unter schwierigsten Bedingungen gedreht, wurde er, wie alle Filme von Carné, später von den Deutschen verboten.*

Die Träume von einer besseren Welt hingegen spiegelten sich eher in den Chanson-Hitparaden wider. Charles Trénet sang »Que reste-t-il de nos amours«, und Johnny Hess brachte mit »Ils sont zazous« die Herzen der Bürger von Bordeaux zum Swingen.

Für die deutschen Soldaten hatte die Standortkommandantur die beiden Lichtspielhäuser Le Français *und* Le Rex *beschlagnahmt. Dort liefen heitere Streifen mit Marika Rökk, aber auch antisemitische Propagandafilme wie* Jud Süß, *der »den Juden« als geldgierigen und skrupellosen*

»Volksschädling« darstellt. Ausgezeichnet mit den Prädikaten »politisch und künstlerisch besonders wertvoll« und »jugendwert«, wurde der Film in Deutschland zu einem Publikumserfolg, der bis 1945 mehr als 6,2 Millionen Reichsmark einspielte.

Henriette ging oft mit ihren Eltern ins *Olympia*, meistens samstagnachmittags, wenn der Kinosaal nicht übervoll besetzt war. Die rot gepolsterten Sessel und die weiße Leinwand, das Licht und die Dunkelheit hatten immer wieder etwas Faszinierendes für sie. Sie liebte den Augenblick, wenn die Lampen erloschen und die Bilder auf der Leinwand zu laufen begannen. Ihr Lieblingsschauspieler war Fernandel. Sie kannte alle seine Filmvornamen. Und sie liebte sein Pferdegebiss, das ewige Lächeln, seine Hilflosigkeit und seine Späße, auch wenn Snobs und Kritiker hochmütig oder gar verächtlich die Achseln über ihn zuckten.

Wenn sein Gesicht auf der Leinwand erschien, brachte Fernandel sie zum Lachen, egal, welche Rolle er spielte. Und sie sah, dass es dem Publikum genauso ging. Es war ein ansteckendes, fast hysterisches Lachen in der Dunkelheit des Kinosaals. Ein Lachen in einer finsteren Zeit. Ein Lachen gegen die Angst. Denn während draußen, in der wirklichen Welt, geschossen und Menschen von der Gestapo gejagt, in Konzentrationslager deportiert und gequält wurden, wendete sich in Fernandels Filmen stets am Ende alles zum Guten.

Nach dem Kinobesuch ging die Familie meistens in ein Bistro an den Kais. Henriette fühlte sich dann immer wie befreit. Die Welt schien wieder in Ordnung zu sein, weniger bedrohlich, weniger gewalttätig.

Eines Abends saßen sie wieder einmal auf der Terrasse vor dem Bistro. Der Kellner kam und wischte die Marmorplatte ab. »Meine Herrschaften, was wünschen Sie?«

»*Trois cafés, s'il vous plaît*«, sagte ihr Vater.

»Gut, Monsieur.«

Der Kellner schlurfte davon und kam nach einer Weile mit dem Kaffee, drei Gläsern und einer Karaffe Wasser zurück und stellte alles auf den Tisch. Eine Weile saßen sie still da, beobachteten die Passanten und genossen den Augenblick, in dem sich das wilde Abendrot auf dem Wasser der Garonne zu spiegeln begann. Die Terrasse erschien ihnen wie eine Insel des Friedens in diesem flammenden Sonnenuntergang.

Henriette sah ihre Eltern an. »Wie hat euch der Film gefallen?«

»Gut, dass es Fernandel gibt«, sagte ihr Vater, und dabei glitt sein Blick über drei deutsche Kriegsschiffe – graue Schatten, die drohend und lautlos etwas weiter nördlich an den Hafenkais lagen. »Er ist vielleicht nicht der Subtilste, aber er bringt uns in einer Zeit zum Lachen, in der es eigentlich nichts zu lachen gibt. Denn anderswo fallen jetzt gerade Bomben, und Menschen werden verhaftet.«

»Warum gehen wir nicht auch mal ins *Le Français* und sehen uns einen deutschen Film an?«, fragte Henriette und erschrak zugleich über den Vorschlag.

Ihr Vater starrte sie erstaunt an. »Wie kommst du denn auf diese Idee?«

Sie zuckte mit den Achseln. »Ich weiß nicht. War nur so ein Einfall. Wäre doch mal interessant zu sehen, worüber sich die Deutschen amüsieren.«

Henri zögerte eine Sekunde mit der Antwort, dann sagte er: »Ich glaube nicht, dass das eine gute Idee ist. Da werden nur seichte Klamotten oder Hetzfilme gezeigt.«

In diesem Augenblick näherten sich ihnen ein älterer Mann und eine Frau. Der Mann war dünn und hatte ein faltiges Gesicht. Er trug eine Brille und auf seinem schwarzen Mantel einen gelben Stern. Die Frau war schmal und blass. Auch sie trug einen gelben Stern auf ihrer Kostümjacke. Die beiden gingen schnell an dem Bistro vorbei. Ihr Gang wirkte wie getrieben, und ein gehetzter Ausdruck lag auch auf ihren Gesichtern. Sie wirkten wie Menschen, die nicht wussten, wohin sie gehen sollten.

»Der Exodus beginnt«, sagte ihr Vater leise. »Gemessen an diesen unschuldigen Leuten geht es uns noch gut. Viele von ihnen sind nach Frankreich gekommen, weil sie glaubten, dass man sie hier nicht verfolgt und einsperrt.«

Henriette starrte ihren Vater an. »Was glaubst du, was mit ihnen geschieht?«

»Sie sind dem Tode geweiht«, gab er zurück. »Zuerst wird diese korrupte Pétain-Bande ihr gesamtes Hab und Gut beschlagnahmen. Dann wird man sie in ein französisches Lager stecken, und die sind auch nicht viel besser als die deutschen. Und dann ...«

Er brach ab.

»Warum ausgerechnet die Juden?«, fragte Henriette. »Warum können sie hier nicht leben wie andere Menschen auch?«

»Die Boches unterstellen ihnen alles denkbar Schlechte: Habgier, Feigheit, Hinterlist, Ausbeutung, ja, sogar eine ›jüdische Weltverschwörung‹. Das ist natürlich nur übelste und miseste Nazipropaganda. Es ist schlimm, dass inzwischen auch bei uns die Juden den gelben Stern tragen müssen und von der Vichy-Regierung vom öffentlichen Leben ausgeschlossen und jetzt auch verfolgt und deportiert werden.«

Henriette blickte dem älteren Mann und der Frau nach. Ihr Schatten verlor sich allmählich in der Abenddämmerung, die ihr plötzlich rot wie Blut erschien. Sie fühlte sich beschämt.

»Wir brauchen uns nichts vorzumachen«, sagte ihr Vater. »Die Grande Nation hat keine Courage mehr. Wir haben versagt. Jetzt ist es zu spät, man kann nichts mehr gegen die Repressalien tun.«

»Aber es gibt doch die Résistance.«

»Sicher. Aber ihre Mitglieder sind untereinander zerstritten, darum besitzt sie keine wirkliche Schlagkraft, um etwas an den Verhältnissen zu ändern. Es ist hoffnungslos.«

Ein Zeitungsjunge kam an den Tisch. Henri kaufte eine Ausgabe des Blattes *La Petite Gironde* und überflog die Titel auf der ersten Seite.

»Verflucht, es wird immer schlimmer«, sagte er nach einer Weile.

»Was?«, fragte Henriette.

»Der Hunger in der Stadt. Hier steht, dass aufgrund der Lebensmittelrationierung jetzt schon die wilden Tauben am Place de La Pierre-Lafitte abgeschossen werden. Vor wenigen Wochen wurden dort noch 5000 Tauben gezählt. Jetzt sind es nur noch 89. Kein Wunder, die 150 Gramm Fleisch, die uns die Boches pro Tag zugestehen, sind einfach zu wenig. Auf dem schwarzen Markt ist der Preis für ein Kilo inzwischen von 60 auf 1000 Francs gestiegen. Ein Kilo Zucker kostet jetzt 850 Francs und 12 Eier 500 Francs.«

»Ich träume manchmal von Bananen, Orangen und Schokolade«, sagte Henriette.

Ihr Vater lächelte sie an, aber es war ein starres Lächeln. »Mein Engel, das kann ich gut verstehen. Aber solche Extrawürste gibt es nur für die Politiker und *collabos*, die jetzt Geschäfte mit den Boches machen. Denen fehlt es an nichts. Und die Boches profitieren vom neu eingeführten Wechselkurs ihrer Reichsmark. Eine Mark entspricht jetzt 20 Francs. Vor der Besetzung war eine Mark nur 10 Francs wert.«

»Sollen wir nicht lieber von etwas anderem sprechen?«, fragte die Mutter.

Ihr Mann starrte in die Zeitung. »Leider gibt es in dieser verdammten Zeit keine guten Nachrichten. Hört euch diese Bekanntmachung an.« Er wies mit dem Finger auf eine schwarz unterstrichene Schlagzeile und begann vorzulesen. »In der Nacht wurde in Bordeaux ein deutscher Wehrmachtsangehöriger in Ausübung seines Dienstes von Zivilpersonen tätlich angegriffen. Wegen dieser Attacke auf die deutsche Besatzungsarmee erlege ich der Stadt Bordeaux eine sofort zu zahlende und von der Einwohnerschaft aufzubringende Buße von 20 Millionen Francs auf. Außerdem hat die Stadt Bordeaux einen auf gleiche Weise aufzubringenden Betrag von 40 Millionen Francs sofort als Sicherheit zu hinterlegen, der im Wiederholungsfall zugunsten des Reiches für verfallen erklärt wird. In einem solchen Fall ist darüber hinaus mit weiteren strengen Maßnahmen zu rechnen. Unterzeichnet: der Chef des Militärverwaltungsbezirks Bordeaux, von Faber du Faur.«

Der Vater warf die Zeitung auf den Tisch. »Eine von der Einwohnerschaft aufzubringende Buße von 20 Millionen Francs!«

Aus dem Bistro wehte jetzt leise Musik auf die Terrasse. Schlagerstar Tino Rossi sang »Bel Ami«. Der Himmel glühte über dem Fluss, aber die Luft war mild und feucht.

Plötzlich wurde die sanfte Melodie vom harten Schritt genagelter Stiefel überlagert. Eine Gruppe deutscher Soldaten näherte sich dem Lokal.

»Das hat uns gerade noch gefehlt«, sagte Henriettes Vater.

Am Nebentisch knurrte ein Mann mit einem schwarzen Schnurrbart. »*Sales boches*. Wir hätten sie an der Maginotlinie aufhalten müssen.« Die selbstgedrehte Zigarette, die in seinem Mundwinkel hing, wippte nervös auf und ab.

»Vergiss es«, antwortete eine Frau, die neben ihm saß. »Zum Kämpfen ist es jetzt zu spät.« Unter ihrem karierten Kleid zeichnete sich ein mächtiger Busen ab, und ihr blondes Haar war hochgesteckt.

Die Soldaten betraten das Bistro. Schlagartig verstummten die Gespräche auf der Terrasse; die Gesichter der Gäste spiegelten nur noch schweigende Feindseligkeit. Henriette kam es vor, als könne sie den Hass riechen. Ein paar Besucher standen brüsk auf und gingen. Nur die Frau am Nebentisch schien nicht beeindruckt zu sein. »*Ils sont beaux les boches, n'est-ce pas?*« – »Sie sehen fesch aus, die Boches, nicht wahr?«, sagte sie so laut, dass es jeder hören konnte.

Ihr Begleiter starrte sie nervös an. »Lass diese blöden Witze besser.«

Henriette beobachtete die Soldaten. Sie sahen eigentlich gar nicht bösartig aus. Sie hatten junge, gut ernährte Gesichter, und auch ihre Uniformen waren gepflegt. Plötzlich hatte sie das Gefühl, beobachtet zu werden, und im selben Augenblick begann ihr Herz heftig zu schlagen. Da war es wieder: dieses Gesicht, das sie versucht hatte zu vergessen. Oder sind es nur meine Nerven, die mir die Ähnlichkeit vorgaukeln?, dachte sie – eine Täuschung? Eine zufällige Ähnlichkeit?

Aber sie konnte das Gesicht deutlich sehen. Der Soldat war fast einen Kopf größer als seine Kameraden. Von Wind und Sonne gebräunt, schaute er in ihre Richtung. Sie erkannte, dass es kein Irrtum sein konnte. Das war der Mann, dem sie im Port de la Lune begegnet war. Seine klaren, hellen Augen sahen sie scheinbar unbeteiligt an, und doch sah sie darin Funken des Erkennens, die sie schwindelig machten. Sie wollte nicht so empfinden, doch sie kam nicht dagegen an. Ihr Herz klopfte so heftig, dass sie Angst hatte, die Gäste auf der Terrasse könnten es hören.

Jetzt nickte das Gesicht ihr zu und lächelte. Sie starrte es an, spürte, wie ihre Stirn heiß wurde und die Hitze in ihren Adern pulsierte. Die Terrasse vor dem Lokal schien in gleißendem Licht zu schwimmen.

Plötzlich begannen Sirenen zu heulen. Es war ein unwirklicher, ein paradoxer Moment: das friedliche Abendlicht über den Dächern der Stadt, dazu der Klang der Sirenen. Und von ferne ein dumpfes, gefährliches Grollen. Es kam mit dem Wind von Norden – mit einem Mal schien die Luft zu vibrieren. Henriette starrte in den wolkenlosen Himmel und sah eine Formation schwarzer Punkte, einem Vogelschwarm ähnlich, jedoch weiße Kondensstreifen hinter sich herziehend. Die Punkte kamen schnell näher, wurden bedrohlich größer, und sie erkannte, dass es riesige Flugzeuge waren. Der Lärm war ohrenbetäubend.

»Amerikanische B-17-Bomber«, ließ sich eine Stimme vernehmen.

Erst jetzt bemerkte sie, dass Heinz an ihren Tisch getreten war. »Meine Herrschaften, Sie müssen sich in Sicherheit bringen. In wenigen Minuten ist hier die Hölle los. Nicht weit von hier entfernt befindet sich ein Luftschutzraum. Dort sind Sie in Sicherheit. Schnell, folgen Sie mir.«

Im gleichen Augenblick ertönte das rasende Stakkato von Flakgeschützen. Henriette sah, wie ihr Vater Heinz perplex anstarrte.

»Was?«

»Monsieur, uns bleibt nicht mehr viel Zeit«, sagte Heinz. »Worauf warten Sie noch?«

»Gut«, sagte ihr Vater und nahm seine Frau beim Arm. Auch die anderen Gäste sprangen auf.

»Folgen Sie mir«, sagte Heinz. Es klang jetzt wie ein Befehl.

Der Kellner kam angelaufen. »Einige Gäste haben noch nicht bezahlt.«

»Zum Teufel mit den Rechnungen. Ihre Zeche können die Leute später bezahlen«, gab Heinz scharf zurück. »Falls sie dann noch leben.«

Der Kellner starrte ihn fassungslos an.

»Verdammt noch mal, kommen Sie schon!«, rief Heinz. »Oder wollen Sie hier krepieren?«

Im selben Augenblick waren mehrere Detonationen zu hören. Der Kellner ließ das silberne Tablett fallen und schloss sich den Gästen an, die im Laufschritt den deutschen Soldaten folgten.

Ein Sturm schien jetzt heranzubrausen, begleitet von rollendem Donnern. Heinz packte Henriette am Arm und rannte mit ihr in Richtung der Allée de Tourny. Schon von weitem konnte sie den Schutzraum sehen. Der Eingang war mit einem Schild gekennzeichnet; auf dem schwarzen Hintergrund waren zwei weiße Bomben gedruckt sowie die Aufschrift *100 Personen*.

Sie folgte Heinz in die Katakombe. Er hielt sie noch immer am Arm fest. Die enge Betonzelle war bereits dicht an dicht besetzt, die Menschen saßen zusammengekauert auf einfachen Holzbänken, die Gesichter blass und ängstlich. Es war schwül und stickig, fast wie vor einem heftigen Sommergewitter.

»Bitte rücken Sie etwas zusammen!«, rief Heinz.

Henriette hockte sich neben ihre Eltern.

»Schließ die Türen«, befahl Heinz einem Soldaten. Dann setzte er sich neben sie.

Wenige Sekunden später folgten mehrere schwere Explosionen, jetzt schon viel näher. Der Kellerboden vibrierte. Das Abwehrfeuer nahm zu. Das Donnern kam immer näher und steigerte sich zu einem infernalischen Tosen. Plötzlich tat es einen schweren Schlag, als hätte jemand auf eine riesige Trommel gehauen. Henriette war einen Augenblick lang wie taub. Nun vibrierte der ganze Raum. Die Birne im Drahtkäfig unter der Decke flackerte, dann ging das Licht aus.

»Das war ganz in der Nähe«, sagte jemand.

Im gleichen Moment spürte Henriette, wie Putz von der Decke auf ihr Haar rieselte, und sie wurde von einer Welle heißer Angst erfasst. Sie hielt den Atem an und wartete auf den nächsten Einschlag.

»Keine Panik«, sagte Heinz. »Du bist hier in Sicherheit. Der Bunker ist solide gebaut, er hält auch die härtesten Schläge aus.«

Trotzdem begann Henriette zu zittern.

»Hab keine Angst«, flüsterte Heinz, und sie fühlte, wie sich seine warme Hand auf ihre legte. Ihr war, als durchflutete diese Wärme ihren ganzen Körper. Sie lehnte sich spontan an ihn, legte den Kopf an seine Schulter und atmete den Geruch seiner Uniform ein. Halt mich fest, dachte sie, während ein infernalischer Feuersturm über sie hinwegfegte.

Nach einer Weile verloren die harten Schläge an Stärke, die Detonationen wurden schwächer, und das helle Knattern der Flakgeschütze erstarb. Es folgte eine gespenstische Stille. Eine elektrische Taschenlampe flammte auf, ihr Lichtkegel glitt über die blutleeren und staubigen Gesichter von Frauen, Männern und Kindern.

Heinz drückte Henriettes Hand. »Es ist überstanden.«

»Können wir jetzt raus?«, flüsterte sie.

»Erst bei Entwarnung.«

Im selben Moment ging das Licht wieder an, dann folgte das dünne Sirenengeheul der Entwarnung.

Heinz lächelte sie an. »Jetzt.« Dann ließ er ihre Hand los und stand auf. »Türen öffnen!«, befahl er.

Die Menschen erhoben sich von den Holzbänken und stolperten ins Freie. Henriette und ihre Eltern folgten. Der Wind trieb ihr warmen Aschenregen ins Gesicht, und sie sah, dass ein bläulich schwelender Dunst über den Dächern von Bordeaux hing.

»So schlimm war es noch nie«, sagte die Mutter. »Aber Gott sei Dank, es ist vorbei, und wir leben.«

Heinz nickte. Henriettes Vater blickte ihn an. »Dass wir noch leben, verdanken wir vor allem Ihnen.« Er reichte Heinz die Hand. »Ich danke Ihnen, dass Sie uns in Sicherheit gebracht haben.«

»Das war doch selbstverständlich.«

Henriette stand einen Augenblick zögernd vor ihm. Sie wusste nicht, was sie sagen sollte. Er kam ihr zuvor und lächelte sie an. »Adieu, Mademoiselle. Passen Sie gut auf sich auf.«

Sie nickte. »Adieu.«

Dann ging sie mit ihren Eltern davon. Aber sie verspürte dabei eine seltsame Traurigkeit. Sie fühlte sich plötzlich alleingelassen und hätte sich gerne noch einmal nach ihm herumgedreht, um sein Gesicht und seine Augen zu sehen. Es schien ihr, als würde seine Hand immer noch die ihre fest umfassen.

»Komm«, sagte ihr Vater.

Sie folgte ihm in das sonderbare Zwielicht, das zwischen den Häuserzeilen hing, schwarze beißende Rauchschwaden vor dem glühenden Schatten des Himmels. In einer Straße sah sie, dass eine komplette Häuserfront brannte. Die Dächer waren eingestürzt. Einige dicke Balken der Dachstühle ragten wie die schwarz verbrannten Hände von Toten in den brennenden Himmel. Aus zerborstenen Fenstern schlugen Flammen. Wasser spritzte aus einer geplatzten Leitung. Feuerwehrleute versuchten, den Brand zu löschen. Ein Mann wollte die Absperrung durchbrechen, aber er wurde von einem Feuerwehrmann festgehalten. »Monsieur, hier können Sie nicht durch. Es ist lebensgefährlich. Die Fassade kann jeden Augenblick einstürzen.«

»Lassen Sie mich los«, schrie der Mann. »Ich wohne hier. In dem Haus befinden sich meine Frau und meine Tochter!«

Er riss sich los und rannte zum Eingang.

Henriette sah, wie er durch die glitzernden Löschfontänen und den schwarzen Aschenregen lief. Dann verschluckte ihn der Rauch, der aus dem Haus quoll.

»Es wäre ein Wunder, wenn da noch jemand lebt«, meinte der Feuerwehrmann.

Henriette verspürte eine entsetzliche Angst, ein Gefühl der Ohnmacht. Nach einer Weile sah sie, wie der Schatten des Mannes wieder aus dem Rauch auftauchte, Feuerfunken im Haar, das Gesicht von Ruß geschwärzt. Er hielt ein Kind in seinen Armen. Das kleine Gesicht war sehr weiß, als wenn jedes Blut aus ihm gewichen wäre.

»Sie stirbt«, stöhnte der Mann. »Mein Gott, hilf mir doch.«

Er kniete nieder und legte das Kind auf eine Bahre, die Helfer herangetragen hatten. Henriette starrte auf das kleine, weiße Gesicht, und ihre Augen waren plötzlich voller Tränen. Es kam ihr vor, als spiegele sich in diesem Gesicht all der Jammer und die Leiden der unschuldigen Opfer dieses Krieges.

»Es ist tot«, sagte einer der Helfer.

Der Vater des Kindes stierte in den glühenden Aschenregen und schrie. »Mein Gott – wo bist du? Warum bist du so unbarmherzig? Warum hast du keinen Respekt vor dem Leben dieses Kindes? Warum lässt du es zu, dass Bomben auf unschuldige Kinder geworfen werden?!«

Henriette sah, wie der Mann seinen Arm reckte und seine Hand drohend zu einer Faust ballte. Dann überschlug sich seine Stimme. »Mein Gott, warum bist du so grausam?! Warum tust du mir das an?!«

Während er dies schrie, begannen Tränen über sein Gesicht zu laufen, sie ätzten helle Striemen in die rußgeschwärzte Haut.

»Warum tust du mir das an?«, schrie der Mann wieder. Ein paar Helfer versuchten ihn zu beruhigen, ein anderer legte eine Plane über das tote Kind.

»Ich kann dieses Leid nicht länger mit ansehen«, flüsterte sie.

Ihr Vater seufzte. »Kommt, lasst uns gehen. Wir können hier nichts tun.«

Schweigend machten sie sich auf den Weg nach Hause. Ihr Vater ging voraus, Henriette und ihre Mutter folgten ihm. Sie bogen in eine Seitenstraße ab und staksten wie betäubt weiter. Hinter ihnen hörten sie den Mann noch immer schreien. Henriette erschien es wie eine Ewigkeit, bis sie endlich vor der elterlichen Wohnung standen. Ihr Vater schloss die Tür auf, und sie gingen in die dunkle Küche. Hinter dem Fenster verdunkelten schwarze Rauchwolken den Himmel. Er knipste das Licht an, holte die Flasche Cognac aus dem Schrank und goss sich ein Glas voll. Dann setzte er sich an den Tisch und trank.

»Soll ich etwas zu essen machen?«, fragte Henriettes Mutter.

Er schüttelte den Kopf.

Die Mutter wendete sich an die Tochter: »Henriette, was ist mit dir?«

Sie wachte wie aus einer Betäubung auf. »Ich kann jetzt nichts essen. Ich fühle mich todmüde, ich gehe schlafen.«

Ihr Vater nickte. »Selbstverständlich. Es war ein schlimmer Tag.«

Sie lächelte schwach. »Gute Nacht, Papa, gute Nacht, Maman.«

Dann ging sie in ihr Zimmer. Der Raum war bereits dunkel. Sie zog sich rasch aus, warf ihre Kleider achtlos auf den Boden, legte sich aufs Bett, zog die Decke bis zum Kinn hoch und sah, wie die schwarzen Schatten der Nacht durchs Fenster kamen.

Aber sie konnte keinen Schlaf finden, denn die Ereignisse des Tages liefen noch einmal in kurzen Filmsequenzen vor ihrem inneren Auge ab: das ansteckende, fast hysterische Lachen der Menschen in dem Kinosaal. Das leuchtende Abendrot auf dem Wasser der Garonne. Das Paar mit dem gelben Judenstern und den gehetzten Gesichtern. Das Heulen der Sirenen und der Höllenlärm der fliegenden Festungen. Der vollgepferchte Luftschutzkeller. Das Knattern der Flugabwehrgeschütze und das Donnern der Detonationen.

Die warme Hand in der Dunkelheit. Der Geruch der Uniform. Der glühende Himmel. Und das blutleere Kindergesicht.

Sie schloss die Augen. Sie wollte die Bilder der Angst und Ohnmacht löschen, und plötzlich saß sie wieder neben Heinz, lehnte ihren Kopf an seine Schulter und spürte seinen Atem und die Wärme der Uniform. Ein bisschen Wärme, dachte sie. Es war das Beste, das man einander in dieser Zeit der Gewalt geben konnte. Mit diesem Gedanken schlief sie ein.

* * *

Sie wachte auf, als das gelbliche Licht des Morgens in ihr Zimmer fiel. Es schien ihr, als würde sie von einem dunklen Irrstern in eine helle Welt zurückkehren. Die Gespenster der Angst waren verschwunden. Aber Henriette fühlte sich wie gerädert.

Sie stand auf, öffnete das Fenster und wollte die frische Morgenluft einatmen. Aber sie sah, dass eine gelbe, schwefelige Wolke über den Dächern hing und einen bitteren Geruch verbreitete. Sie schloss das Fenster wieder, sammelte ihre Kleidungsstücke ein und roch daran. Auch der Stoff verströmte diesen Schwefelgeruch.

Sie ging mit den Sachen ins Badezimmer und deponierte sie im Wäschekorb. Dann drehte sie die Hähne auf. Während das Wasser in die Wanne floss, betrachtete sie sich im Spiegel. Sie hatte dunkle Schatten unter den Augen und ihr Gesicht sah blass aus. Sie setzte sich auf den Rand der Wanne und wartete, bis diese halb gefüllt war. Dann ließ sie sich ins warme Wasser gleiten, und als sie in der Wanne lag, war ihr, als würde frisches Leben in ihren Körper fließen.

Nach dem Bad ging sie in ihr Zimmer zurück und kleidete sich an. Aus der Küche hörte sie Geräusche. Ihre Eltern waren offenbar schon beim Frühstück.

Als sie die Küchentür öffnete, schlug ihr der Duft von frischem Kaffee entgegen. Die Mutter war allein im Raum. Sie füllte eine Tasse für Henriette und stellte sie auf den Tisch. »Hast du schlafen können?«, fragte sie.

»Nicht besonders gut. Ich bin immer wieder aufgewacht und hatte dann jedes Mal große Angst.«

»Ich auch«, sagte die Mutter. »Das war sehr schlimm gestern. Ich habe fast kein Auge zugetan.«

»Wo ist Papa?«

»Er holt die Zeitung.«

Im selben Augenblick hörte Henriette, wie die Haustür ins Schloss fiel. Ihr Vater kam mit der Zeitung in die Küche und warf sie auf den Tisch.

»Eine Katastrophe«, sagte er. »Es soll 200 Tote und 300 Verletzte gegeben haben. Die Amerikaner haben offenbar mehr als 300 Bomben auf den Cours Saint-Louis, den Cours Balguerie-Stuttenberg und auf den Boulevard Godard abgeworfen.«

»Ich verstehe das nicht«, sagte Henriette.

»Was verstehst du nicht?«

»Warum werfen die amerikanischen Piloten Bomben auf unschuldige Zivilisten? Warum bombardieren sie Wohngebiete? Warum vergehen sie sich an der Zivilbevölkerung? Ich denke, sie sind unsere Freunde und wollen Frankreich befreien.«

»Sie haben den Befehl dazu.«

»Den Befehl? Wer kann denn einen solchen Befehl erteilen?«

»Wer?« Die Stimme ihres Vaters klang rau. »Die Militärs. Die Bomben gelten zwar dem Feind, aber die Angreifer nehmen dabei auch in Kauf, dass bei den Angriffen beliebig viele unschuldige Zivilisten und Kinder getötet werden, wenn eine Bombe danebengeht. In der Sprache der Militärs nennt man die dann einen ›Irrläufer‹.«

»Ich dachte, es gibt auch im Krieg Regeln, die sich am Völkerrecht orientieren.«

Er stieß ein höhnisches Lachen aus. »Das kannst du vergessen. Für den Luftkrieg gelten keine Regeln. Bomben werden einfach abgeworfen – ohne Rücksicht auf Verluste, auch dann, wenn es die eigenen Verbündeten trifft. Die Deutschen haben zuerst mit diesem unmenschlichen Luftkrieg angefangen. Zuerst in Guernica, dann in Warschau und Rotterdam.«

Henriette blickte zum Fenster. »Ich wüsste gerne, was im Kopf eines Bomberpiloten vorgeht, wenn er seine tödliche Fracht über einem Wohnviertel abwirft.«

»Ich weiß nicht, ob ein Pilot sich darüber Gedanken macht«, sagte ihr Vater. »Ich weiß nur, dass der Krieg die Menschen total abstumpft. Wahrscheinlich sind die Piloten froh, wenn sie ihren Auftrag erledigt haben. Dann können sie ihre Maschinen hochziehen und in den Wolken verschwinden und später in Sicherheit landen, ohne die gefährliche Bombenfracht noch an Bord zu haben. Wir können froh sein, dass wir noch leben.«

Er schwieg ein paar Sekunden lang, dann fuhr er fort: »Und das haben wir ausgerechnet einem *sale boche* zu verdanken.«

Henriette starrte ihn an. »Das war kein *sale boche*.«

Ihr Vater schwieg ein paar Sekunden, dann nickte er. »Du hast recht. Ich glaube, dass ich meine Meinung korrigieren muss. Ich dachte, dass es den deutschen Soldaten egal ist, ob wir verrecken. Dieser Soldat scheint anders zu sein. Keiner von den Söldnern, die sich als Besatzer und Herren aufspielen und uns wie Untermenschen behandeln.«

Kapitel 5

Der goldene Anker

Durch die Besetzung von Bordeaux verfügte die deutsche Kriegsmarine über einen strategisch äußerst wichtigen Stützpunkt für ihre Operationen im Atlantik. Unverzüglich begann man damit, ihn als U-Boot-Basis auszubauen. Die mit dem Bau beauftragte »Organisation Todt« war eine nach militärischem Vorbild strukturierte Bautruppe, die von dem durch den Autobahnbau bekannten Ingenieur Fritz Todt geleitet wurde. Auf Befehl Hitlers sollte er den Atlantikwall an der französischen Küste ausbauen. Da die Organisation nicht über genügend Arbeiter verfügte, wandte sie sich an die lokale Bauindustrie und verteilte per Los Aufträge an einheimische Firmen, die großes Interesse signalisierten, da bei einem Bauvolumen von 20 Millionen Reichsmark große Gewinne winkten.

Insgesamt waren beim Bau der Base sous Marine *20 000 Arbeiter im Einsatz, überwiegend Franzosen, aber auch Spanier, die vor dem Franco-Regime geflüchtet waren. Es wurden 600 000 Kubikmeter Stahlbeton verbaut. Die Betondecken waren 5,6 Meter dick. Gegen Bomben wurde das Dach zusätzlich durch einen Fangrost geschützt. Der Bunker erhielt elf Boxen: vier Nassboxen und sieben Trockendocks, die durch ein unterirdisches Leitungssystem mit einem Öldepot verbunden waren. Außerdem verfügte der*

Stützpunkt über eine Reparationswerft, die von der Hamburger Firma Blohm & Voss betrieben wurde.

Am 17. Januar 1943 lief als erstes U-Boot U-178 in den Bunker ein. Im Oktober wurde die 12. U-Boot-Flotte der deutschen Kriegsmarine in Bordeaux stationiert: 22 Kampfboote sowie 21 Versorgungsboote, sogenannte »Seekühe«. Die Flotte operierte im Atlantik und im Indischen Ozean, wo sie insgesamt 104 Schiffe der Alliierten versenkte.

Es war bereits später Nachmittag, als Heinz das Bistro *L'Ancre d'or* betrat – Zeit für einen Aperitif. Das Lokal lag an den Hafenkais, nicht weit entfernt von der *Base sous Marine*, und war die Stammkneipe der französischen Hafenarbeiter. Aber auch viele Soldaten der Kriegsmarine verkehrten hier.

Von vielen Besuchen hier wusste Heinz, dass es zwischen Franzosen und Deutschen in dieser Kneipe bisher kaum Spannungen gegeben hatte, im Gegenteil, sie kamen ganz gut miteinander aus. Sie arbeiteten allesamt täglich im Hafen zusammen und pflegten einen saloppen, unverkrampften Umgangston. Das galt auch für Heinz. Die französischen Gäste im *L'Ancre d'or* kannten und schätzten den Mann in der Marineuniform, umso mehr, als er nicht wie ein Besatzer auftrat.

Heinz ließ seinen Blick durch das Lokal schweifen. Wie gewöhnlich herrschte zu dieser Stunde Hochbetrieb. In der Luft lag der Geruch von Männern, die den ganzen Tag an den Hafendocks gearbeitet hatten, ölverschmierte Monturen trugen, schwarze Zigaretten rauchten und jetzt Bier oder Anisette tranken.

Er ging zur Theke und wurde vom Wirt wie ein alter Bekannter begrüßt.

»*Salut*, Henri. Was darf es sein?«

»*Une pression.*«

Der Wirt zapfte ein Bier und stellte es vor ihn hin. »*A votre santé!*«

»*Merci*«, erwiderte Heinz und nahm einen Schluck. Das Bier war angenehm kühl und schmeckte auch ganz ordentlich, es erinnerte ihn ein wenig an das Bier in seiner Heimat. Dann zog er einen Zettel aus seiner Hosentasche, auf dem er sich die Adressen verschiedener Weinhandlungen im Viertel Saint Michel notiert hatte. Inzwischen waren drei Tage vergangen, seit er die junge attraktive Französin im Port de la Lune getroffen hatte. Sie war ihm seither nicht aus dem Sinn gegangen – ihr offenes Lächeln; die hohen sanften Brauen; der anmutige Ruck, mit dem sie ihr Haar zurück warf ...

Er wollte sie unbedingt wiedersehen. Aber im Bezirk Saint Michel gab es mehr Weinhandlungen, als er gedacht hatte. Am Vormittag war er auf der Präfektur gewesen und hatte sich eine Liste von allen *caves* besorgt, die dort registriert waren. Nun standen zwölf Adressen auf seinem Zettel. Acht hatte er bereits am Vormittag abgeklappert – ohne Erfolg, keine Spur von Henriette. Aber er würde nicht aufgeben und morgen wieder nach Saint Michel gehen, das wusste er.

Eine Stimme vom Nebentisch riss ihn aus seinen Gedanken. Es war einer von drei Stabsfeldwebeln, die dort Skat spielten. Vor sich auf dem Tisch hatten sie Gläser und eine Flasche Anisette stehen.

»Komm, Heinz, spiel eine Runde mit.«

»Ein anderes Mal.«

Der Feldwebel warf ihm einen neugierigen Blick zu. »Was ist los mit dir?«

»Was soll mit mir los sein?«, antwortete Heinz und

blickte den Kartenspieler an. Er war der Älteste in der Runde und hatte eine leichte Ähnlichkeit mit dem französischen Schauspieler Jean Gabin.

»Du siehst aus, als hätte dir eine hübsche Französin ordentlich den Kopf verdreht.«

»Wie kommst du denn auf diese Schnapsidee?«

»Kamerad, sonst lässt du dir keine Skatpartie entgehen«, scherzte der Feldwebel. »Jetzt stehst du da allein an der Theke rum und scheinst mit deinen Gedanken ganz woanders zu sein.«

Heinz wusste nicht, was er sagen sollte. War der Kerl ein Hellseher oder hatte er ihn möglicherweise gar mit der jungen Frau im Hafen gesehen?

»Komm, setz dich zu uns«, sagte der Feldwebel. »Wir sind gerade dabei, eine erstklassige Flasche auszutrinken.«

»Da kann ich dann doch nicht nein sagen«, sagte Heinz und setzte sich zu den Skatspielern. Einer von ihnen schien schon ziemlich betrunken zu sein. Er hatte ein käsiges Gesicht, und obwohl Heinz sein Alter auf kaum über Mitte 30 schätzte, hatte er nur noch wenige dünne weiße Haare auf dem Kopf. Der Dritte in der Runde hatte die Statur eines Sumo-Ringers. Gute Verpflegung, viele feuchtfröhliche Abende und wenig Bewegung hatten ihre Spuren hinterlassen. Er reichte Heinz die Flasche. »Bedien dich!«

Heinz orderte beim Wirt ein Glas und goss sich etwas von dem Anislikör ein.

»Du brauchst nicht so sparsam zu sein«, sagte der Dicke. »Der Wirt hat noch eine Flasche auf Vorrat. Außerdem: So jung kommen wir nicht mehr zusammen. Lasst uns darauf anstoßen.«

»Und auf die schönen Zeiten hier in Bordeaux«, sagte der Weißhaarige. »Mal ehrlich, Kameraden, verglichen mit den

Verhältnissen an der Ostfront, haben wir hier La Dolce Vita. Es geht uns wirklich gut. Oder wenn man ein altes Klischee bedienen will: Wir leben wie Gott in Frankreich. Es hat bisher kaum Opfer unter den deutschen Soldaten gegeben und nur wenige Luftangriffe der Alliierten. Glaubt mir, ich weiß, wovon ich rede.« Er machte eine kurze Pause, sein Blick schweifte ab. »Ich habe mir sechs Monate lang vor Moskau im Winter bei minus 30 Grad den Arsch abgefroren. Irgendwann hat mir der Iwan dann eine Kugel verpasst. Schlamm, Eis und die Rote Armee haben unseren Vormarsch stocken lassen. Der Boden war zu hart, um die toten Kameraden zu begraben. Mich haben sie wieder zusammengeflickt und dann nach Bordeaux geschickt – fast wie zur Erholung. So gesehen, habe ich Schwein gehabt, dass ich nicht vor den Toren Moskaus verreckt bin. Der Höllenlärm von diesen Stalinorgeln verfolgt mich heute noch im Schlaf.« Er schwieg und starrte einen Augenblick wie abwesend in den Raum.

»Am besten, du vergisst das«, sagte der dicke Feldwebel und füllte die Gläser nach. »Genieß den Krieg, der Frieden wird schrecklich.« Er lachte dröhnend.

»Ein ziemlich dummer Spruch, oder?«, erwiderte Heinz.

»Man darf doch noch Scherze machen«, rechtfertigte sich der Dicke pikiert. »Außerdem stammt der Spruch nicht von mir. Es hat schon immer Kriege, Verlierer und Sieger gegeben. Ich kann mich noch sehr gut an die Fahrt unserer Kolonne nach Paris erinnern. Alles lief wie geschmiert, wir haben uns fast wie Touristen gefühlt. Wir fuhren durch Gebiete, deren Namen ich nur aus der Schule und aus Erzählungen meines Vaters kannte, der im Ersten Weltkrieg gefallen ist. Wenn ich die alten Schlachtfelder sah, hatte ich irgendwie das Gefühl, dass unsere Väter jetzt gerächt waren.«

Der Feldwebel lächelte zufrieden, trank sein Glas aus und füllte es wieder.

»Ich habe an den Straßenrändern die Wracks von englischen und französischen Fahrzeugen gesehen und auch viele zerstörte Orte. Da sah ich zum ersten Mal selbst, was Krieg bedeutet. Bisher hatte ich Kriegsreportagen ja immer nur in der ›Deutschen Wochenschau‹ gesehen. Aber die Wirklichkeit war viel spannender, und wenn ich ehrlich bin: Mitleid habe ich dabei kaum empfunden. Nur Stolz über unseren Siegeszug.«

Während der Feldwebel diesen »Siegeszug« beschrieb, musste Heinz unentwegt an die junge Französin denken. Sie hatte wie der erste warme Frühlingswind auf ihn gewirkt. Dieser Wind hatte ihn zwar nur gestreift, aber ein tiefes Gefühl in ihm ausgelöst. Er sah sie gerade jetzt wieder deutlich vor sich: ihre dunklen Augen, ihre hübschen Lippen, ihre kräftigen Schultern, ihre schmalen Hüften, die ungezwungene Art, mit der sie sich bewegte. Ohne dass sie etwas Besonderes getan oder gesagt hätte, war ihre Begegnung ein sinnlicher Augenblick gewesen.

Bisher hatte er nichts besessen, woran er sich festhalten konnte. Er hatte nur seine Uniform und seine Disziplin. Die Uniform hatte seine Haut gewärmt, die Disziplin hatte ihm Sicherheit gegeben. Die Nazizeit und der Krieg hatten ihn geprägt. Für Zärtlichkeit und Leidenschaft, für Musik und Poesie war in dieser Welt kaum Platz. Kaum Zeit fürs wirkliche Leben.

Nun war er zum ersten Mal einer Frau begegnet, von der er sich vorstellen konnte, mit ihr gemeinsam eine ihm bisher weitgehend unbekannte Welt zu entdecken. Alles war plötzlich anders – es war etwas geschehen, womit er nicht gerechnet hatte. Er wollte nichts anderes, als dieses Mädchen wiederzusehen. Morgen würde er sich auf die Suche nach ihr machen und nicht aufgeben, bis er sie endlich gefunden hatte.

* * *

Henriette erwachte um sieben Uhr davon, dass auf der Straße die Müllabfuhr vorbeiratterte. Sie stand auf, öffnete die Vorhänge und warf einen Blick nach draußen. Graue Wolken hingen tief über den Dächern, es sah nach Regen aus. Sie ging ins Bad, putzte die Zähne, kämmte ihr Haar und wusch sich. Nachdem sie mit der Morgentoilette fertig war, kehrte sie in ihr Zimmer zurück, zog einen schwarzen Pullover und einen schwarzen Rock an und holte ihren Regenmantel aus dem Kleiderschrank. Anschließend ging sie in die Küche, wo ihre Eltern den Tag schon begonnen hatten. Sie waren bereits seit sechs Uhr auf den Beinen. Ihre Mutter war in einer Wäscherei der Kriegsmarine angestellt. Die Familie war in diesen Zeiten auf jeden Sous angewiesen.

Der erste Gang führte den Vater morgens gewöhnlich zu einer kleinen Bäckerei, die ganz in der Nähe der Wohnung lag. Dort kaufte er frisches Baguette und seine Morgenlektüre, *La Petite Gironde*, in die er vertieft war, als Henriette den Raum betrat. Vor sich hatte er sein Frühstück stehen: eine Tasse schwarzen Kaffee.

Er blickte Henriette über den Zeitungsrand an. »Guten Morgen, mein Engel.«

»Morgen, Papa.«

Henriette ging zu ihm und drückte ihm einen Kuss auf die Wange. Dann setzte sie sich zu ihm an den Küchentisch. Er blickte sie noch immer besorgt an.

»Du siehst aus, als wenn du nicht gut geschlafen hättest. Irgendwelche Probleme?«

»Nur ein schlechter Traum«, beschwichtigte sie.

»In dieser Zeit nicht verwunderlich«, sagte er und widmete sich wieder seiner Zeitung.

Ihre Mutter stellte eine Tasse mit heißem Café au Lait vor sie auf den Tisch. Henriette schnitt sich ein Stück Baguette ab und strich hastig mit einem Messer etwas Butter und Honig darauf. Dann tunkte sie es in den Kaffee und begann zu frühstücken.

Eine Weile sagte keiner ein Wort. Plötzlich brach Henriettes Vater das Schweigen. »Stellt euch vor, so was gibt es auch: Die Gestapo hat gestern einen deutschen Deserteur geschnappt. Offenbar wollte er sich nicht weiter an den Verbrechen der Wehrmacht mitschuldig machen.«

Henriette musste schlucken und plötzlich wieder an Heinz denken. Konnte er dieser Deserteur gewesen sein? Jetzt fängst du schon an zu spinnen, schalt sie sich sofort selbst; er sieht wirklich nicht so aus, als hätte er Zweifel an seinem Auftrag, also konnte er es unmöglich sein.

Sie blickte ihren Vater an. »Wie ist das denn passiert?«

»Der Mann ist bei einem Fluchtversuch gefasst worden.«

»Was, glaubst du, werden sie mit ihm machen?«

»Seit wann interessierst du dich für die Boches?«

Sie zuckte verlegen mit den Schultern.

»Vermutlich wird er vor ein Militärgericht gestellt und zum Tode verurteilt«, sagte ihr Vater und faltete die Zeitung zusammen. »Es ist bekannt, dass die Wehrmacht bei Deserteuren kein Pardon kennt und sie genauso gnadenlos behandelt wie ihre Feinde.«

Henriette stand auf. »Ich muss jetzt gehen.«

»Vergiss deinen Regenmantel nicht!«, rief ihr die Mutter hinterher. »Laut Wetterbericht wird es Regen geben.«

»Und bei Regen sind die Straßen glatt«, fügte ihr Vater besorgt hinzu. »Fahr vorsichtig.«

»Ich kann auf mich aufpassen.« Henriette lächelte und küsste beide zum Abschied. Dann schnappte sie sich ihren Regenmantel und verließ die Küche.

Ihr blaues Fahrrad stand im Flur. Ursprünglich war der Rahmen schwarz gewesen, aber sie hatte sich Farbe gekauft und ihn blau angestrichen. Das Blau schien ihr besser zum Frühling in Bordeaux zu passen.

Sie öffnete die Haustür und schob das Fahrrad auf die Straße. Dann zog sie ihr Regencape an, schwang sich auf den Sattel und trat kräftig in die Pedale. Auf dem Weg zum Viertel Saint Michel kam sie an einem ausgebrannten Haus vorbei. Es war von einer Bombe getroffen worden. Das Dach war eingestürzt, aber die von Ruß gefärbte Fassade stand noch, und Henriette schien es, als atmeten die Mauern immer noch einen bitteren Brandgeruch aus.

Sie fuhr schnell weiter und näherte sich jetzt Saint Michel. Schon von weitem konnte sie den freistehenden Turm der Basilika sehen. Lange Zeit war er das höchste Bauwerk von Bordeaux gewesen. An diesem Tag schien er mit seiner Spitze fast die tiefliegenden Wolken zu berühren.

Henriette mochte das Viertel, seinen alten, verstaubten Charme und die Menschen, die hier lebten. Viele portugiesische und spanische Exilanten sowie Emigranten aus Nordafrika hatten hier eine neue Heimat gefunden. Der große Platz vor der Basilika, der ihnen als Marktplatz diente, war von kleinen Cafés, Krämerläden und Bistros umsäumt.

Die Weinhandlung, in der sie arbeitete, lag ganz in der Nähe in einer Seitenstraße. Bei sonnigem Wetter verbrachte sie auf dem Place Saint Michel oft die Mittagspause und fütterte die Tauben. Heute wird jedoch wohl nichts daraus werden, dachte sie. Ein feiner Nieselregen hatte eingesetzt, und als sie den Platz erreichte, sah sie, dass die Tauben sich in die Mauernischen der Basilika zurückgezogen hatten und dort reglos wie kleine gefiederte Kobolde hockten.

Die Weinhandlung befand sich im Erdgeschoss eines für dieses Viertel typischen alten Bürgerhauses. Die Zeit hatte hier, wie auch an allen anderen Gebäuden, unübersehbare Spuren hinterlassen. Das Mauerwerk aus Kalksandsteinblöcken begann an vielen Stellen zu bröckeln und war mit einer schmierigen schwarzen Schicht überzogen.

Sie stellte ihr Fahrrad an der Hauswand ab. Der Eingang und das Schaufenster waren durch verrostete Rollläden aus Metall gesichert. Darüber hing ein bordeauxrotes Schild mit der Aufschrift *Le Vigneron*. Links und rechts neben dem Eingang standen je zwei alte Weinfässer. Henriette öffnete mit einem Schlüssel das Vorhängeschloss und schob einen der Rollläden nach oben. Es gab ein blechernes Geräusch. Dann schloss sie die Eingangstür auf und betrat die Weinhandlung. Sofort schlug ihr der süßliche Modergeruch entgegen, der für die meist älteren *caves* in Bordeaux charakteristisch war: eine Mischung aus altem Gestein, Korken, Holz, Wein und Schimmel.

Die Weinhandlung bestand aus zwei Räumen, die durch einen Rundbogen aus Kalksandsteinen geteilt waren. Im vorderen stand die Verkaufstheke mit der Kasse, der hintere diente als Lager, in dem die Weine, nach Jahrgang und Gebiet in Mauernischen geordnet, auf Käufer warteten. An den Wänden hing eine Kollektion alter Werkzeuge, die früher von den Winzern bei der Weinherstellung verwendet wurden, sowie eine Sammlung vergilbter Fotos von Bordeaux, aufgenommen während der Belle Epoque.

Henriette zog ihren Regenmantel aus. Sie war froh, dass sie einen Pullover trug, denn an diesem Morgen war es relativ ungemütlich an ihrem Arbeitsplatz. Im Sommer hingegen war es hier angenehm, da ging von den alten Mauern eine erfrischende Kühle aus.

Bevor sie mit der üblichen morgendlichen Reinigungsprozedur begann, schaltete sie das Radio ein. Dann fing sie an, den Steinboden zu fegen und den Staub von den Weinflaschen zu wischen. Sie wollte damit fertig sein, bevor die ersten Kunden kamen. Während sie mit dieser Arbeit beschäftigt war, erklang im Radio ein Chanson. Henriette erkannte sofort die unverwechselbare Stimme: Edith Piaf sang »Mon légionnaire«. Henriette kannte den Text auswendig, das Lied handelte von einer unvergesslichen Liebesnacht mit einem unbekannten, strahlend schönen Soldaten, der im Morgengrauen verschwand:

... J'sais pas son nom, je n'sais rien d'lui.
Il m'a aimée toute la nuit,
Mon légionnaire!
Et me laissant à mon destin
Il est parti dans le matin ...

(Ich kenne seinen Namen nicht
Kenne nichts von ihm.
Er hat mich die ganze Nacht geliebt
Mein Legionär!
Und mich meinem Schicksal überlassen
Er ist am Morgen gegangen ...)

Henriette stand mit dem Rücken zum Eingang und war so sehr in die Musik vertieft, dass sie um ein Haar das Geräusch der sich öffnenden Tür überhört hätte. Sie drehte sich herum und sah in einem Streifen hereinflutenden Lichts die schlanke Silhouette eines jungen Mannes. Er trug Zivilkleidung und eine Schirmmütze, die er tief in die Stirn gezogen hatte, so dass sie im ersten Augenblick sein Gesicht nicht erkennen konnte. Ein Hafenarbeiter, dachte sie.

»*Bonjour*, Mademoiselle«, sagte der Mann.

Als Henriette die Stimme hörte, begann ihr Herz schneller zu schlagen. Der Mann nahm die Schirmmütze vom Kopf, und jetzt konnte sie sein markantes Gesicht sehen. Es war das Gesicht, das sie versucht hatte, aus ihrem Gedächtnis zu löschen.

Ihr Instinkt rang einen Augenblick mit den Gewissheiten, die man ihr seit Beginn des Krieges und der Besetzung eingebläut hatte: nämlich, dass die Boches sich wie Herrenmenschen aufspielten, die Bevölkerung unterdrückten und ausbeuteten. Sie durfte auf keinen Fall die Kontrolle über sich verlieren. Sie versuchte sich an diesen Gedanken festzuklammern. Aber es wollte ihr nicht gelingen.

Es war sein Gesicht, das sie daran hinderte. Jetzt, als sie es wiedersah, wurde ihr bewusst, dass ihre Augen und ihre Hände die ganze Zeit auf ihn gewartet hatten. Im gleichen Moment spürte sie, wie alle inneren Barrieren in ihr zusammenbrachen, und sie erkannte, wie sehnsüchtig sie auf diesen Augenblick gewartet hatte – und dass jegliche Gegenwehr zwecklos war.

Heinz lächelte sie an. »Ich musste Sie einfach wiedersehen«, sagte er.

Wie aus einem anderen Raum hörte Henriette die Stimme der Piaf, die den Verlust einer Ahnung von Glück besang, die verpasste Chance einer unausgesprochenen Liebe.

Un bonheur perdu, bonheur enfui,
Toujours je pense à cette nuit
E l'envie de sa peau me ronge.
Parfois je pleure et puis je songe
Que lorsqu'il était sur mon cœur,
J'aurais du crier mon bonheur …
Mais je n'ai rien osé lui dire.
J'avais peur de le voir sourire!

(Ein verlorenes Glück, ein geflohenes Glück …
Immer denke ich an diese Nacht
Die Lust nach seiner Haut zerfrisst mich
Manchmal weine ich, und dann bedenke ich
Als er auf meinem Herzen war,
Hätte ich mein Glück herausschreien können
Aber ich habe nicht gewagt, es ihm zu sagen
Ich hatte Angst, ihn lächeln zu sehen!)

Sie war so überrascht davon, wie nahe ihr das Lied ging, dass sie ein paar Sekunden nach Worten suchte. Dann antwortete sie: »Ich dachte, ich würde Sie nie wiedersehen. Wie haben Sie mich gefunden?«

Er lächelte. »Angesichts der vielen Weinhandlungen, die es in diesem Viertel gibt, war das nicht ganz einfach. Fast wie die Suche nach der berühmten Stecknadel im Heuhaufen. Aber eigentlich war es nur eine Frage der Zeit. Ich habe die Läden der Reihe nach abgeklappert, und nun bin ich hier.«

Erst jetzt sah sie, dass er einen Strauß bunter Frühlingsblumen in den Händen hielt. »Für Sie!«, sagte er und hielt ihn ihr hin.

»*Merci.*« Sie spürte, wie ihr das Blut ins Gesicht schoss. Dann nahm sie die Blumen und hielt sie kerzengerade mit beiden Händen, während im Radio die letzte Strophe des Lieds erklang: von der Hoffnung, dass der unbekannte Soldat dereinst wieder auftauchen würde, um mit dem auf ihn wartenden Mädchen die Liebe seines Lebens zu leben.

Henriette kam es vor, als fege ein heißer Wüstenwind durch den Raum. Der Mann vor ihr trug zwar keine Tätowierung wie der Legionär in dem Chanson, aber er hatte die gleichen klaren und hellen Augen, und sie spürte, dass er es ernst meinte – verdammt ernst. Plötzlich hatte sie das Gefühl, ihn, der aus einer anderen, ihr fremden Welt kam, schon lange zu kennen. Ihr war, als habe ein geheimnisvoller Kompass diese Begegnung beeinflusst. Als habe ihre Jugend die Taue losgeworfen und sie triebe auf ein unbekanntes Meer hinaus. Aber sie verspürte keine Angst.

Er lächelte sie an. »Ich wollte Sie einladen.«

»Wohin?«

»Ans Meer.«

Sie war überrascht. Woher wusste er, dass sie schon lange davon geträumt hatte, es wieder einmal zu sehen?

»Aber das ist unmöglich.«

»Nichts ist unmöglich.«

»Ans Meer kann man nicht mehr fahren. Das ist Sperrgebiet.«

»Ich weiß«, sagte er. »Aber ich kann uns einen Passierschein besorgen. Haben Sie Lust mitzukommen?«

Obwohl ihr Herz einen Hüpfer machte, zögerte sie einen Augenblick mit der Antwort.

»Ich würde gerne mitkommen, aber …«

Sie brach ab und sah ihn nachdenklich an. Sein Blick war in keiner Weise aufdringlich.

»Ich kann mir gut vorstellen, welche Gedanken Ihnen durch den Kopf gehen«, sagte er. »Wahrscheinlich wollen

Sie nicht mit einem Boche gesehen werden. Sie wollen keinen Ärger. Kann ich sogar gut verstehen. Aber ich werde in Zivilkleidung kommen. Dann fallen wir nicht auf.«

»Aber wie kommen wir ans Meer?«

»Ich habe ein Motorrad. Wir können damit an die Küste fahren. Was halten Sie davon?«

Sie nickte.

»Würde Ihnen der nächste Sonntag passen?«, fragte er. »Dann habe ich dienstfrei. Wir könnten uns an der gleichen Stelle im Hafen treffen, wo wir uns das erste Mal begegnet sind. Das ist wahrscheinlich am unauffälligsten. Wenn Sie einverstanden sind, hole ich Sie um zehn Uhr dort ab.«

»Einverstanden«, sagte sie.

Er sah ihr tief in die Augen.

»Werden Sie auch bestimmt kommen?«

»Ganz bestimmt«, antwortete sie, und er sah die leidenschaftliche Kraft ihres Blicks.

Er reichte ihr die Hand. »Henriette, es war schön, Sie wiederzusehen. Also, bis Sonntag.«

Plötzlich spürte er ihr Haar an seinem Gesicht und dann ihre Lippen auf seiner Wange. Es war wie ein rascher Windhauch.

»Bis Sonntag!«, sagte sie leise.

Er ging auf die Straße hinaus. Ihre Augen folgten ihm, bis er aus ihrem Blickwinkel verschwand.

Kapitel 6

Ausflug mit Risiken

Erotische Kontakte zwischen deutschen Besatzungssoldaten und französischen Frauen waren streng reglementiert. Schon kurz nach der Besetzung Frankreichs hatte die Wehrmacht ein Netz von Bordellen für die deutschen Soldaten eingerichtet. Offizieren allerdings war der Besuch verboten – für sie wurden vom Generalquartiermeister des Heeres spezielle Stundenhotels eingerichtet. Auf Anordnung der Heeresleitung waren in fast allen größeren Orten, auch in Bordeaux, Bordelle beschlagnahmt worden, die den »deutschen hygienischen Ansprüchen« genügten; die Auswahl des Personals wurde nach »Rassenzugehörigkeit« angeordnet. Mit der Einrichtung der Wehrmachtsbordelle war gleichzeitig die wilde Prostitution auf Straßen und in Bars polizeilich untersagt worden. Offiziell sollte mit dieser Maßnahme die Ausbreitung von Geschlechtskrankheiten verhindert werden. Vordergründig spielten dabei aber Frauenfeindlichkeit und antifranzösische Ressentiments eine wesentliche Rolle. Denn mit dieser Anordnung wollte die Wehrmacht sexuelle Kontakte deutscher Soldaten zu Französinnen außerhalb kontrollierter Bordelle verhindern, in denen überwiegend bereits bekannte und überwachte Prostituierte beschäftigt wurden, sogenannte Filles Soumises; *mit ihnen wurden beiderseitig kündbare Arbeits-*

verträge geschlossen. Die Preise standen fest, ebenso der Anteil, den die Frauen bekamen. Allerdings wurden auch Frauen aus Internierungslagern zur Prostitution gezwungen.

Die Prostituierten unterlagen engmaschigen seuchenpolizeilichen Kontrollen. Kranke Frauen wurden zwangsweise in Hospitäler, Arbeitshäuser oder Gefängnisse gesperrt. Unzählige außerhalb der Wehrmachtsbordelle arbeitende Filles Soumises *wurden verhaftet und in Internierungslager überführt. Die Haftdauer variierte von einigen Tagen bis hin zu mehreren Jahren. Für die Kontrolle der Bordelle war das Sanitätswesen der Wehrmacht zuständig. Die deutschen Soldaten mussten sich vor dem Besuch eines Bordells von einem in jedem Bordell eingerichteten Sanitätsposten registrieren lassen und sich anschließend einer »Sanierung« unterziehen. Auf einem Laufzettel wurde vermerkt, welche Prostituierte aufgesucht worden war. Stellte man bei einem Soldaten eine Krankheit fest, ohne dass er eine »Sanierung«, sprich eine Gesundheitskontrolle und Schutzbehandlung nachweisen konnte, konnte er wegen Selbstverstümmelung bestraft werden.*

Heinz stand an den Hafenkais neben seinem Motorrad und rauchte eine Zigarette. Die Morgensonne schien ihm direkt ins Gesicht, es war bereits angenehm warm. Wie schon bei seinem Besuch in der Weinhandlung trug er Zivilkleidung: eine Schirmmütze, ein weißes Hemd, dessen obere zwei Knöpfe geöffnet waren, sowie eine graue Hose.

Während er auf Henriette wartete, ließ er in Gedanken die vergangene Woche Revue passieren. Die Wehrmachtsberichte, die er täglich las, versprachen nichts Gutes. Die Zeit der Siegesmeldungen war vorbei. Bereits im Januar 1943 hatte die 6. Armee in Stalingrad kapituliert, und 100 000 Soldaten waren in Gefangenschaft geraten. Nach dieser katastrophalen Niederlage hatte Propagandaminister Joseph Goebbels im Berliner Sportpalast die Bevölkerung vor die Frage gestellt: »Wollt ihr den totalen Krieg?« »Jaaa!«, hatten sie alle geschrien. Aber dieses »Jaaa!« änderte nichts an der Tatsache, dass sich das Blatt längst gewendet hatte. An der Ostfront war die Rote Armee überall auf dem Vormarsch. Und auch an der Westfront und in Afrika wurde die Lage von Tag zu Tag kritischer. In Sizilien waren die Alliierten gelandet, an der Afrikafront war die deutsche Offensive unter General Erwin Rommel vor El Alamein steckengeblieben.

Heinz wusste auch, dass an der »Heimatfront« die deutschen Städte einem nie gesehenen Trommelfeuer aus der Luft ausgesetzt waren. Görings Luftwaffe hatte längst ihre Überlegenheit verloren. Alliierte Bomberverbände drangen Tag und Nacht nahezu ungestört tief ins Reichsgebiet ein und warfen ihre tödliche Fracht ab, und dies keineswegs nur über militärischen und industriellen Zielen. Brandbomben fielen auch auf dichtbesiedelte Wohngebiete und erzeugten Flächenbrände von bisher ungekanntem Ausmaß. In Kiel, Duisburg, Köln, Hamburg und auch in seiner Heimatstadt Dortmund starben die Menschen in einem regelrechten Feuersturm.

Wo blieben die Wunderwaffen, die der Führer versprochen hat? Wie die meisten seiner Kameraden hatte auch Heinz sich lange Zeit als Sieger gefühlt, als ein Mensch, der nie wieder Verlierer sein würde. Jetzt war er sich da nicht mehr ganz so sicher. In Bordeaux kursierten in diesen Tagen viele Gerüchte. Offenbar war es nur noch eine Frage der Zeit, wann die Alliierten an der Atlantikküste landen würden. Dann ist es auch hier mit der Ruhe vorbei, ging es ihm durch den Kopf. Vorbei mit dem angenehmen Soldatenleben, vorbei mit den Extrawürsten, vorbei damit, sich wie Gott in Frankreich zu fühlen. Denn er und seine Kameraden lebten hier bisher ziemlich frei und ungezwungen. Der Sold wurde in Francs ausbezahlt, dazu kam die Frontzulage. Von der doppelten Löhnung konnten sie alle gut leben. Es gab genug zu essen, Zigaretten und Alkohol standen immer reichlich zur Verfügung – während die französische Bevölkerung für Lebensmittelkarten anstehen musste. Und selbst für amouröse Abenteuer war gesorgt.

Während Heinz auf Henriette wartete, musste er daran denken, dass er immer noch Glück hatte, weil die eigentlichen Kampfeinsätze woanders stattfanden. Trotz seiner strategischen Bedeutung war der Hafen von Bordeaux bisher erst einmal von einem Spezialkommando der britischen Marine angegriffen worden.

In der Nacht zum 7. Dezember 1942 war das britische U-Boot HMS Tuna *nur wenige Meilen vor der Küste entfernt bei Montalivet aufgetaucht und hatte zwölf Kampfschwimmer der Royal Marines in sechs Kajaks ausgesetzt. Ihr Auftrag: Sie sollten im Schutz der Nacht durch die Girondemündung flussaufwärts bis zum Hafen von Bordeaux vorstoßen und dort sechs ankernde Versorgungsschiffe der deutschen Kriegsmarine versenken.*

Die Männer der Spezialeinheit wussten, dass die Operation unter dem Decknamen »Frankton« ein absolutes Himmelfahrtskommando war. Bevor sie von Bord gingen, hatte Kommandant Major Hasler, ein passionierter Biertrinker und Jazzmusiker, ihnen die Einzelheiten und Risiken des Einsatzes erklärt. Das britische U-Boot würde nicht auf ihre Rückkehr warten. Der geheime Operationsplan sah vor, dass sich die Marines nach dem Anschlag auf den Hafen von Bordeaux zu Fuß zu geheimen Verstecken der Résistance durchschlagen sollten.

Kurz nach 20 Uhr verabschiedete Hasler die Männer mit seinem für ihn typischen Galgenhumor: »Vergesst nicht, dass ich für euch einen Tisch im Londoner Savoy *reserviert habe!« Dann stiegen die Marines in die sechs 4,88 Meter langen Holzboote: jeweils zwei in ein Kajak, jeder ausgerüstet mit einem Messer, einer Maschinenpistole, einer Michelin-Karte des Küstenabschnitts sowie einer Signalpfeife, mit der sich der Ruf einer Möwe imitieren ließ, damit sie jederzeit unauffällig Kontakt miteinander aufnehmen konnten.*

Doch schon beim Abdocken vom U-Boot wurde ein Kajak von einer Welle zerschmettert. Ein weiteres kenterte in der Brandung nahe der Girondemündung. Die Besatzung konnte sich eine Zeitlang an eines der anderen Boote klammern, aber schließlich hatten die Männer keine Kraft mehr und versanken im eisigen Atlantik.

In der Dunkelheit mussten die Marines nicht nur gegen die eisige Kälte und starke Strömung ankämpfen. Als sie in die Nähe der Mole von Le Verdon kamen, flammten plötzlich Suchscheinwerfer auf. Eine deutsche Patrouille hatte die Kanus gesichtet und eröffnete das Feuer.

Die Marines versuchten zu fliehen. Dabei verlor ein Boot den Kontakt zu den anderen. Innerhalb von zwei Stunden war die Spezialeinheit um die Hälfte ihrer Schlagkraft dezimiert. Die restlichen zwei Besatzungen versteckten sich bei Tagesanbruch im Uferdickicht der Garonne in Höhe der Ortschaft Saint-Vivien. Sie konnten ihre Fahrt erst am folgenden Abend fortsetzen, als die Flut wieder einsetzte.

Im Morgengrauen des 11. Dezember erreichten zwei Kajaks den Hafen von Bassens. Hier trennten sich ihre Wege. Während ein Boot damit begann, zwei dort ankernde Versorgungsschiffe zu verminen (und dabei später einer deutschen Patrouille in die Hände fiel), setzte das andere die Fahrt nach Bordeaux fort. Am 12. Dezember kamen diese beiden Marines im Hafen an. Hier mussten drei deutsche Versorgungsschiffe und ein Öltanker vermint werden. Gegen 21 Uhr waren die Minen angebracht und die Zeitzünder eingestellt.

Neun Stunden später explodierten die Sprengladungen – sechs deutsche Schiffe gingen in Flammen auf. Die beiden Marines wurden von der Résistance versteckt.

Heinz blickte auf seine Armbanduhr. Es war fünf vor zehn. Henriette musste bald eintreffen. Aber plötzlich war er sich nicht mehr ganz sicher. Hatte sie es wirklich ernst gemeint? Oder hatte sie ihm nur Sympathie vorgespielt? Er war als Feind, als Besatzungssoldat nach Bordeaux gekommen. Sie war hier geboren und hatte eigentlich allen Grund, ihn abgrundtief zu hassen. Warum sollte sie etwas für ihn empfinden? War alles vielleicht nur eine Illusion?

Heinz rauchte seine Zigarette zu Ende und noch zwei weitere, dann warf er erneut einen Blick auf die Uhr. Es war viertel nach zehn, und sekundenlang spürte er ein Gefühl herber Enttäuschung. Was hatte er sich nur eingebildet? Welches Interesse sollte sie schon an ihm haben? Und weshalb sollte sie ein solches Risiko eingehen?

Aber dann sah er sie – auf ihrem blauen Fahrrad kam sie durch einen Streifen Sonnenlichts auf ihn zu. Es war ein irreales Bild, fast wie unter Wasser.

Henriette stoppte etwas atemlos neben ihm. »Pardon, dass ich mich verspätet habe«, sagte sie und stellte ihr Fahrrad neben sein Motorrad.

»Kein Problem«, sagte er. »Hauptsache, Sie sind jetzt da. Einen kurzen Augenblick hatte ich befürchtet, Sie hätten es sich vielleicht anders überlegt.«

Sie blickte ihn ernsthaft mit ihren dunklen Augen an. »*Une parole, c'est une parole.*« – »Versprochen ist versprochen.«

Er sah, dass sie eine weiße Bluse trug und ihr Haar in lockigen Wellen auf ihre Schultern floss.

»Sie sehen wunderschön aus.«

»Ich bin nur ein Mädchen aus Bordeaux«, sagte sie lächelnd. »Und was machen wir jetzt?«

»Wenn Sie einverstanden sind, fahren wir gleich los.«

Sie nickte, und er startete das Motorrad. Die alte Maschine sprang unwillig an. Er musste etwas mit dem Gas spielen, bis der Motor seinen Rhythmus fand. Dann schwang er sich auf den Sitz und wartete, bis Henriette hinter ihm Platz genommen hatte.

Er drehte sich zu ihr um. »*Ça va?*«

Sie nickte. Dann ließ er die Kupplung kommen und gab Gas. Als sei es die natürlichste Sache der Welt, legte Henriette ihre Arme um seine Taille, und er konnte durch den Stoff seines Hemdes ihre warmen Hände spüren.

Sie fuhren in Richtung Bacalan und passierten nach wenigen Minuten den U-Boot-Stützpunkt. Im Vorbeifahren glitten Henriettes Augen über die mächtige Festung. Der Betonkoloss wirkte auf sie kalt und uneinnehmbar. Sie sah, dass in den Boxen die schlanken Rümpfe von drei U-Booten lagen, wie riesige, in Felsnischen verborgene Muränen, die jederzeit angreifen konnten.

Nachdem sie die U-Boot-Festung hinter sich gelassen hatten, fuhren sie durch verschiedene Vororte von Bordeaux. Dann bogen sie auf eine Landstraße ab, die schnurgerade nach Westen verlief, dorthin, wo das Meer war. Heinz erhöhte das Tempo. Nur ganz selten kam ihnen ein Fahrzeug entgegen. Henriette sah den weiten Himmel über sich, spürte den Fahrtwind in ihren Haaren und fühlte sich so frei wie nie zuvor in ihrem Leben.

Plötzlich meinte sie im Fahrtwind wieder die Stimme der Piaf zu hören. »*C'est lui, que mon cœur a choisi*« trug er leise an ihr Ohr. Das Chanson und der Wind – es war ein Augenblick, den Henriette nie vergessen würde. Ihre Fingerspitzen berührten Heinz' Rippen, und sie spürte die Wärme seines Körpers unter dem Hemd. Zum ersten Mal in ihrem Leben fühlte sie sich in der Nähe eines Mannes geborgen, ja beinahe eins mit ihm.

Es ist total verrückt, was mir da gerade passiert, dachte sie und lehnte ihren Kopf an seine Schulter. Ausgerechnet ein Deutscher. Er schien von ihr Besitz ergriffen zu haben, aber komischerweise jagte ihr dieses Gefühl keine Angst ein – im Gegenteil, zum ersten Mal spürte sie die Vorfreude auf einen sinnlichen Genuss, den sie bisher noch nicht erlebt hatte.

Zugleich wusste Henriette, dass niemand ihre Gefühle würde stoppen können. Die Résistance nicht, und erst recht nicht die Gestapo. Ich pfeife darauf, was die anderen denken, dachte sie und verspürte keine Angst mehr vor eventuellen Konsequenzen ihres Verhaltens. Was sie in ihrem tiefsten Innern empfand, war stärker als Hass und alle Vorurteile.

Nach einer halben Stunde erreichten sie Le Moutchic am See von Lacanau. Heinz verringerte die Geschwindigkeit und ließ die Maschine vor einem Ausflugslokal am Seeufer ausrollen.

Er drehte den Kopf. »Was halten Sie von einem Kaffee?«

»Sehr viel.«

Sie betraten die sonnige Terrasse des Lokals und setzten sich an einen Tisch, von dem aus sie über den See blicken konnten. Henriette kannte das Lokal. Es hieß *Le Moutchico* und war vor dem Krieg ein beliebtes Ausflugslokal gewesen. An diesem Sonntagmorgen aber waren sie die einzigen Gäste. Heinz zog eine Packung Zigaretten aus der Brusttasche seines Hemdes.

»Möchten Sie eine Zigarette?«

»Nein, danke«, antwortete sie. »Ich rauche nicht.«

»Stört es Sie, wenn ich rauche?«

»Nein.«

Er steckte sich eine Zigarette an und ließ seinen Blick

über den See schweifen. »Es ist wirklich sehr schön hier. Und so friedlich.«

Henriette nickte. »Ja, das ist es. Aber das war nicht immer so. Im Ersten Weltkrieg war hier eine Wasserflugzeugstaffel der Amerikaner stationiert.« Sie wies mit der Hand nach links. »Sehen Sie dort drüben die kleine Villa mit dem Turm?«

»Ja, sie ist zauberhaft.«

Henriette lächelte. »Sie war das Hauptquartier der Amerikaner. Und jetzt …«

Sie brach ab.

Er blickte sie an. »Ich kann mir gut vorstellen, was Sie denken: Und jetzt sind die Deutschen da und halten hier Schießübungen ab.«

Sie sagte nichts. Er lächelte verlegen.

»Sie waren wahrscheinlich schon oft hier«, sagte Heinz.

Sie nickte. »Ja, als junges Mädchen mit meinen Eltern, fast jedes Wochenende. Aber das ist lange her.«

Er blickte sie amüsiert an. »Solange kann das nicht her sein. Dazu sind Sie viel zu jung. Wie alt sind Sie eigentlich?«

»Ich bin 20. Und Sie?«

»Ich bin Jahrgang 1919, also 24.«

In diesem Augenblick trat ein Kellner an ihren Tisch. »Bonjour – was wünschen Sie?«

»*Deux petits cafés*«, bestellte Heinz.

Der Kellner verschwand wieder in dem Lokal und kam nach kurzer Zeit mit zwei Tassen Kaffee zurück. Sie tranken schweigend und blickten beide auf den See. Friedlich und still lag er da.

Nach einer Weile brach Heinz das Schweigen. »Was halten Sie davon, wenn wir weiterfahren?«

Henriette nickte. Er winkte den Kellner heran und bezahlte. Dann gingen sie zu seinem Motorrad, er trat auf das Startpedal, und sie fuhren weiter in Richtung Lacanau-Océan. Nach wenigen Minuten erreichten sie den Ortseingang, und wie schon bei früheren Ausflügen konnte Henriette das Meer riechen, obwohl es noch lange nicht zu sehen war. Am See war die Luft mild, fast süßlich; hier in der Nähe des Ozeans war sie salzig und etwas kühler.

Am Ende der Straße, die in den Ort führte, sah Henriette eine Straßensperre und Wehrmachtsuniformen – eine Patrouille der Feldgendarmerie. Ihr Pulsschlag nahm zu.

Heinz verringerte die Geschwindigkeit und rollte langsam auf den Schlagbaum zu. »Halt!«, kam die schneidende Stimme eines Feldgendarms.

Heinz stoppte vor dem Schlagbaum, und der Soldat kam auf sie zu. Henriette fiel auf, dass er den Stahlhelm tief in die Stirn gedrückt hatte. Darunter sah sie graue Augen, eine Hakennase und schmale Lippen.

Der Gendarm stellte sich breitbeinig vor sie hin. »Absteigen. Wissen Sie nicht, dass hier Sperrgebiet ist?«

»Sachte, Kamerad!«, sagte Heinz.

Der Feldgendarm lief vor Zorn rot an. »Was heißt hier Kamerad. Soll wohl ein blöder Witz sein!«

»Hier ist mein Passierschein«, sagte Heinz und hielt ihm das Dokument unter die Nase.

Der Gendarm begann es umständlich auseinanderzufalten, warf einen kurzen Blick darauf und knurrte dann: »Heinz Stahlschmidt, Oberfeldwebel der Kriegsmarine. Das kann jeder behaupten. Ihre Papiere!«

Heinz hielt ihm sein Soldbuch hin. »Ich hoffe, das reicht?«

Der andere blätterte kurz in dem Soldbuch und gab es dann zurück.

»Und wer ist die junge Dame?«

»Eine gute Bekannte.«

Der Gendarm streifte Henriette kurz mit einem genüsslichen Blick, dann wandte er sich erneut Heinz zu.

»Ich verstehe«, sagte er, und endlich sah sein Gesicht wieder einigermaßen normal aus. »Wünsche dem Herrn Oberfeldwebel viel Spaß beim Strandspaziergang. Aber passen Sie auf, dass Sie nicht auf eine Mine treten.«

Dann ließ er den Schlagbaum öffnen.

Armer Idiot!, dachte Heinz, aber er ließ sich nichts anmerken. »Danke für den Ratschlag. Und für den freundlichen Empfang.«

Er fuhr mit Henriette weiter. Den bitterbösen Blick, den der Gendarm ihnen zuwarf, sahen sie nicht mehr.

Sie fuhren ins Ortszentrum. Es bestand im Grunde nur aus einer kurzen Allee, die schnurgerade ans Meer führte und links und rechts von einigen Villen aus der Belle Epoque eingerahmt war. Zwischen diesen Villen gab es ein paar Bretterbuden mit Imbissständen, die aber geschlossen waren. Henriette stellte erleichtert fest, dass der Ort vom Krieg bislang verschont geblieben war. Die Häuser standen unbeschädigt da, die Dächer waren unversehrt. Aber alles wirkte wie ausgestorben. Die Straßen waren leer und von Sand überweht.

Sie fuhren an die Strandpromenade. Dort bot sich ein ähnliches Bild: Die Villen schienen verlassen, alle Fensterläden waren geschlossen.

Heinz parkte das Motorrad an der Düne, und sie stiegen ab. Ein leichter Westwind strich über das Gras. Es war still, nur die Brandung war zu hören. Sie gingen auf die Düne. Dort fanden sie eine Bank und setzten sich. Von hier aus konnte man das Meer und den Strand überblicken. In der hellen Sonne schimmerten die Wellen silbern. Der Strand war menschenleer. Aber in einiger Entfernung waren zu beiden Seiten der Düne mehrere Bunker auszumachen. Wenn da nicht die stählernen Kanonenrohre gewesen wären, hätte man sie für riesige, friedlich schlafende Schildkröten halten können.

Sie schwiegen eine Zeitlang und hörten dem leisen Wehen des Windes zu; es klang wie ein Atemholen des Meeres. Plötzlich drang noch ein anderes Geräusch zu ihnen herüber: Am Horizont hoch über dem Meer sah Henriette wieder eine jener fliegenden Karawanen des Todes, die noch vor wenigen Tagen ihre Bomben auf Bordeaux abgeworfen hatten.

Sie blickte Heinz an. »Die Maschinen fliegen diesmal viel höher und auch in eine andere Richtung. Ihr Ziel scheint glücklicherweise nicht Bordeaux zu sein.«

Er nickte. »In dieser Höhe können ihnen unsere Flakgeschütze nichts anhaben.«

»Es sieht so aus, als ob sie nach Norden fliegen«, sagte Henriette nachdenklich.

»Wahrscheinlich werden sie deutsche Städte bombardieren.«

Henriette sah, dass sich sein Gesicht verhärtet hatte.

»Tut mir leid«, sagte sie und bedeckte seine Hand mit der ihren. »Wir sollten besser über etwas anderes sprechen.«

Er schüttelte den Kopf. »Nein, Sie sind jung und haben ein Recht zu fragen.«

Sie lächelte ihn an. »Ich weiß eigentlich gar nichts über Sie und kenne nur Ihren Vornamen. Wenn es Ihnen nichts ausmacht, erzählen Sie mir etwas über Ihr Leben.«

Es war jetzt wieder still. Er zögerte einen Augenblick. Dann nickte er und begann: Alte Jugenderinnerungen tauchten vor ihm auf, und mit einem Mal war er wieder in seiner Heimatstadt Dortmund, der Stadt der Kohle, des Eisens und des Biers.

Kapitel 7

Ein Junge aus dem Kohlenpott

Heinz Stahlschmidt wurde am 13. November 1919 in Dortmund geboren. Der Erste Weltkrieg war endlich vorbei, aber eine ganze Generation fühlte sich verraten, verloren und verkauft. Man hatte sie in einen sinn- und erbarmungslosen Kampf geführt und dann in Versailles zur Zahlung von 132 Milliarden Goldmark Kriegskosten verurteilt. Als im März 1920 der ostpreußische Generallandschaftsdirektor Wolfgang Kapp versuchte, in Berlin die Regierung zu stürzen, brach in Dortmund ein von langer Hand vorbereiteter Aufstand der Kommunisten und der Unabhängigen Sozialdemokraten aus. Rote Arbeiterbataillone von insgesamt 12 000 Mann bliesen zum Sturmangriff auf die Ruhrmetropole. In den Straßen kämpften Deutsche gegen Deutsche, Arbeiter gegen Arbeiter. 17 Tage stand Dortmund unter der Herrschaft sogenannter Rotgardisten und verwandelte sich in einen Unruheherd mit unaufhörlichen Schießereien, Plünderungen, Erpressungen, einem Generalstreik der Arbeiter und einem Gegenstreik der städtischen Beamten – bis Reichswehrtruppen am Ostersonntag in die Stadt einmarschierten und dem Chaos ein Ende setzten. Aber die Lage verschärfte sich wieder, als die Franzosen im Januar 1923 das Ruhrgebiet besetzten. Unter dem Zwang der Besatzer verfiel das wirtschaftliche Leben, die großen Dortmunder Werke und Zechen stellten ihren Betrieb ein, die Geschäfte stockten. Nur die staatlichen Notgeldpressen arbeiteten Tag und Nacht. Für den Wert einer Goldmark wurden bald Geldscheine in schwindelerregender Höhe von erst einer Million, danach einer Milliarde und zuletzt einer Billion Mark in Papiergeld gepresst. Als die Franzosen am 22. Oktober 1924 die Stadt wieder räumten, waren fast 90 Prozent aller Erwerbstätigen arbeitslos und 78 Zechen mit einer Belegschaft von 58 186 Mann für immer stillgelegt worden. Neun Jahre später übernahmen die Nationalsozialisten die Macht in Deutschland, und auch am Dortmunder Rathaus wehte die Hakenkreuzfahne.

Als Hitler an die Macht kam, war ich 14 Jahre alt«, begann Heinz seinen Bericht. »Aufgewachsen bin ich in einem Dortmunder Arbeiterviertel, in der Wielandstraße 39. Die Werte, die damals mein Leben bestimmten, habe ich von meinem Vater vermittelt bekommen. Er war evangelisch und führte als Installateur einen bescheidenen Betrieb. Mit den Kommunisten und der ›Diktatur des Proletariats‹, wie sich das nannte, hatte er nicht viel am Hut. Die Rotgardisten und der Versailler Vertrag waren seiner Meinung nach nämlich schuld an der ganzen Misere: den Unruhen, der Arbeitslosigkeit, der Handlungsunfähigkeit der Regierung. Borussia Dortmund war für ihn ein ›Kommunisten-Verein‹.« Er blickte Henriette an. »Interessieren Sie diese Dinge wirklich?«

»Ja, sicher.« Sie nickte.

»Gut«, sagte er und fuhr fort. »Dann, eines Tages, ich erinnere mich noch genau, sagte mein Vater zu mir: ›Der Hitler ist jetzt der Oberste von ganz Deutschland. Endlich können wir auf Arbeit und mehr Beschäftigung hoffen.‹ Noch am selben Tag marschierten braune SA-Kolonnen mit Hakenkreuzfahnen und Landsknechtstrommeln im Gleichschritt durch die Straßen von Dortmund. Ich hörte sie stramme Lieder singen. ›Vaterland, hör deiner Söhne Schwur! Vorwärts den Blick! Nimmer zurück! Herzen empor! …

Brüder, ans Werk, dem Führer treu.‹ Fast alle Menschen schienen irgendwie in Hochstimmung zu sein, man schwenkte Hakenkreuzwimpel. Auch ich wurde von dieser Begeisterung angesteckt, ich war plötzlich stolz, ein deutscher Junge zu sein.«

Er machte eine Pause und sah Henriette an. »Können Sie das verstehen?«

Sie hob die Augenbrauen und wog den Kopf. »Wie ging es weiter?«, fragte sie.

»In der Schule habe ich schon bald den deutschen Gruß gelernt – und eiserne Disziplin. Der Lehrer war erst gar nicht mit mir zufrieden, und so musste ich das Ganze wieder und wieder üben: Hacken zusammenschlagen, aufrecht strammstehen, Hand hochreißen bis auf Augenhöhe und noch lauter ›Heil Hitler!‹ rufen.« Er lachte kurz auf, dann sprach er weiter. »Ich habe mich eingefügt, wie Millionen Jugendlicher in jener Zeit, ich war fasziniert von den Paraden, den Fanfaren und Trommeln, und ich bin gar nicht auf den Gedanken gekommen, mir angesichts der radikalen Maßnahmen und Parolen von Hitler oder wegen seiner aggressiven Außenpolitik und der Militarisierung der Gesellschaft die Frage zu stellen: ›Was sollen wir eigentlich mit all den Flugzeugen, Panzern und U-Booten?‹ Ich wollte einfach nicht daran denken, dass mit großer Wahrscheinlichkeit ein neuer Krieg bevorstand. Zumal der ›Führer‹ von Anfang an ja auf uns, auf die junge Generation setzte.«

Er schwieg. Henriette blickte ihn forschend an. »Und dann?«

»Ein Mann namens Baldur von Schirach wurde zum ›Jugendführer des Reiches‹ ernannt. Er hat die Hitlerjugend aufgebaut, das war mit über acht Millionen Mitgliedern schon bald die größte Jugendorganisation des Deutschen Reiches.«

Er zögerte einen Augenblick, bevor er weitersprach.

»Die allgemeine Begeisterung für das neue Regime machte sich natürlich auch bei uns in Dortmund bemerkbar: Der ›Führer‹ – so wurde Hitler ja genannt – wurde Ehrenbürger der Stadt, aus der Rathenau-Allee machte man die Adolf-Hitler-Allee, die Stresemann- wurde zur Göringstraße, der Republikplatz zum Horst-Wessel-Platz. Alle politischen Parteien wurden verboten, mit Ausnahme der NSDAP natürlich, das war bei uns nicht anders als im restlichen Reich. Ebenso wurden alle demokratischen und sozialistischen Zeitungen verboten. Den linksliberalen *General-Anzeiger für Dortmund* hat man besetzt und gleichgeschaltet, das gesamte Betriebsvermögen wurde von der NSDAP eingezogen. Wir nahmen das schon alles wahr, aber wir wollten es doch nicht sehen.«

Heinz fuhr sich mit dem Handrücken übers Kinn. »Die ersten Stadtverordneten, vor allem diejenigen aus den Reihen der KPD und SPD, wurden verfolgt, verhaftet, gefoltert. Oppositionelle und die sogenannten ›Nichtarier‹ wurden aus den städtischen Diensten entlassen und mit Berufsverbot belegt. Jeder Bürger musste ab sofort seine arische Abstammung nachweisen. In Dortmund wurde ein Rassenamt installiert, das die Aufgabe hatte, erbkranke Nachkommenschaft zu töten. Die Synagoge im Stadtteil Hörde ging am 9. November 1938 in Flammen auf, so wie Tausende Synagogen, jüdische Geschäfte und Häuser in ganz Deutschland am selben Tag. Die Synagoge wurde von SA-Männern geplündert, und Hunderte Dortmunder Juden wurden in Lager verschleppt.«

Er schwieg. Henriette starrte ihn an. »Mein Gott, warum nur?«, fragte sie.

Heinz zögerte einen Augenblick. »Nun ja ... wir waren

durch Hitlers Hetztiraden geblendet. Wir nahmen den allgemeinen Boykott jüdischer Geschäfte und großer Warenhäuser, die Entrechtung und Verfolgung ohne viel Murren hin. ›Gemeinnutz geht vor Eigentum‹ und ›Recht ist, was dem Volk nützt‹ – das waren bald weithin akzeptierte Standpunkte. Auch ich dachte, wir Deutschen müssen zusammenhalten.«

Henriette schnaufte vernehmlich. Er schaute sie kurz an, dann senkte sich sein Blick zu Boden.

»Mein Vater wollte, dass ich nach der Schulausbildung in seine Fußstapfen trete und das Klempnergeschäft übernehme. Also bin ich bei einem Installateur in die Lehre gegangen und war nach bestandener Prüfung vier Jahre lang als Geselle tätig. Als mein Vater mit 39 Jahren bei einem Verkehrsunfall ums Leben kam, war ich gerade erst 19. Das war 1937. Ich hatte nun kein Interesse mehr daran, den Familienbetrieb zu übernehmen, ich wollte lieber zur Marine. Denn die wirtschaftliche Situation war ja immer noch schwierig, nicht nur auf Reichsebene, sondern auch in Dortmund selbst, auch wenn die Nazipropaganda immer wieder von der ›Ankurbelung der Wirtschaft‹ sprach.«

Heinz rieb sich die Stirn. »Die Aussicht auf finanzielle Sicherheit war auch einer der Gründe, warum ich mich bei der Marine bewarb. An einen Krieg dachte ich da noch immer nicht. Ich träumte eher von fernen Ländern, von Fahrten auf hoher See. Zunächst bin ich allerdings für sechs Monate zum Arbeitsdienst in Cuxhaven eingezogen worden, das war damals Pflicht. Dann ging es weiter nach Wesermünde, da habe ich eine technische und militärische Ausbildung zum Elektriker und Maschinisten erhalten. Anschließend ging es auf ein Schulschiff – so nannte sich das. Tatsächlich handelte es sich um eine Galeere.«

Er blickte auf das Meer. Henriette rührte sich nicht, und sekundenlang war nur das Rauschen der Wellen zu hören. Dann sprach Heinz weiter:

»›Männer, ihr werdet hier die Grenzen eurer Leistungsfähigkeit kennenlernen‹ – die Worte vom Deckmeister habe ich noch im Ohr. ›Aber wenn ihr die Ausbildung geschafft habt, bereisen wir die Welt‹, hat er uns versprochen. Dann folgten Tage und Nächte ohne eine Minute Schlaf, unsere Ausbilder schikanierten uns ständig. In dieser Zeit habe ich gelernt, dass Soldaten von Ordnung, Disziplin und Sauberkeit geradezu besessen sein müssen. Der Schmutz war offenbar der größte Feind der Marine. Unser täglicher Kampf hieß: Rein Schiff machen! Der Traum von der großen weiten Welt zerplatzte schneller, als ich mir das vorgestellt hatte.«

»Warum?«, fragte Henriette.

»Nun ja, am 1. September 1939 passierte es dann: Die Deutschen griffen Polen an. Ich befand mich zu diesem Zeitpunkt an Bord des Schulschiffs, und mit einem Mal hieß es: ›Es ist Krieg.‹ Die Polen hätten den deutschen Sender Gleiwitz überfallen, wurde uns gesagt, außerdem hätten polnische Freischärler deutsche Grenzer erschossen. Allerdings meinte unser Ausbilder, dass das schwache Polen uns nie und nimmer angegriffen hätte, wenn es nicht von England oder Frankreich dazu getrieben worden wäre. Möglicherweise stünden auch die Juden in Amerika dahinter. Der Führer habe befohlen, ›Jetzt wird zurückgeschossen.‹ Ab sofort gelte das Kriegsrecht.«

»Hat sich sofort etwas verändert für Sie?«, fragte Henriette.

»Natürlich«, antwortete Heinz. »Mit Hitlers Kriegserklärung war die Jugend für uns vorbei. Angst wollte ich natürlich nicht zeigen. In diesem Augenblick war ich sogar stolz, die Uniform der Kriegsmarine zu tragen. Was Krieg wirklich bedeutete, habe ich zu diesem Zeitpunkt noch nicht geahnt.«

Heinz atmete die frische salzige Meeresluft ein, bevor er weitersprach.

»Acht Monate später, das war am 8. April 1940, ging ich mit 1600 Marinesoldaten an Bord der *Blücher*, als Maschinengefreiter. Das war ein schwerer Kreuzer, ein Flaggschiff der Marine. ›Männer, nie wieder werdet ihr die Chance haben, Besatzungsmitglied eines solchen Schiffes zu sein!‹, so wurden wir auf Deck von einem Offizier begrüßt. Ein Riesenkahn – 208 Meter lang, 32 Knoten Fahrt, acht 20,3-Zentimeter-Geschütze, bis zu 1600 Mann Besatzung ... das modernste Schiff seiner Klasse. Damit ging es auf große Fahrt – Richtung Norwegen.«

»Warum das denn?«, fragte Henriette.

»Die Gewässer vor der norwegischen Küste waren strategisch wichtig für uns, hieß es. Und weil die Engländer diese Gewässer vermint hatten, sollte nun im Gegenzug Norwegen besetzt werden.«

»Per Schiff?«

»Das Schiff sollte durch den Oslofjord nach Oslo durchbrechen. Dann sollten Heerestruppen an Land gehen und die norwegische Hauptstadt im Handstreich nehmen. Mit besonderem Widerstand rechnete man nicht.« Er lachte bitter. »Wir glaubten an Bord fast alle an die ›friedliche Besetzung‹ des Landes, ich auch, denn so war es ja schließlich in der Weisung für das Unternehmen ausgegeben worden. Wir gingen davon aus, dass es eine gemütliche Spazierfahrt würde.«

»Eine schöne Spazierfahrt ...«, sagte Henriette leise.

»An der Kaimauer standen viele Frauen. Sie steckten uns Drops und Zigaretten zu, sie schienen viel eher zu ahnen, was uns bevorstand, als wir selbst: dass nämlich die harmlose Zeit der Manöver nun endgültig vorbei war. Recht hatten sie. Genau genommen sollte es nicht nur die erste, sondern gleichzeitig auch die einzige Feindfahrt der *Blücher* werden. Wir fuhren um fünf Uhr frühmorgens in Kiel los und zunächst an der deutschen Küste entlang, danach bogen wir ab nach Norden. Zu unserem Verband gehörten noch andere Schiffe: die beiden Kreuzer *Lützow* und *Emden*, ein leichter Kreuzer, außerdem ein paar Torpedoboote, Räumboote und zwei Walfangboote. Unser Verbandsführer war Admiral Kummetz.«

»Nie gehört«, sagte Henriette – woher auch? Norwegen war für sie bis heute weit weg im Norden gewesen, was dort stattgefunden hatte, wusste sie nicht.

»Wir fuhren durch den Großen Belt nordwärts. Die Ausbildung an Bord ging währenddessen weiter, besonders das Anlanden der Heeresgruppen wurde geübt. Ich befand mich im Maschinenraum und bekam von alledem nicht viel mit. Ich merkte auch nichts davon, dass die *Emden* einen Torpedo sichtete, der unseren Verband knapp verfehlte.«

Sie nickte. »Und wie ging es weiter?«

Er zog ein Päckchen Zigaretten aus einer Jackentasche und zündete sich eine an.

»Wir fuhren im Zickzackkurs weiter und erreichten ohne Zwischenfälle den Oslofjord – da liefen wir kurz nach Mitternacht ein. Plötzlich erhielt die *Blücher* einen Schuss vor den Bug. Das hörte man auch im Maschinenraum, wo ich mich befand. ›Von wegen friedliche Besetzung‹, habe ich in diesem Moment gedacht.« Er schnaubte verächtlich. »Spazierfahrt? Auch der Mannschaft war bekannt, dass die norwegischen Fjorde gut gesichert waren und dass selbst die modernsten Schlachtschiffe keine Chance hatten, gegen den Willen der Norweger durchzubrechen. Ich lauschte atemlos, aber es fiel kein weiterer Schuss, weder von der *Blücher* noch von der norwegischen Küstenbatterie. Ich atmete auf.«

Sie blickte ihn von der Seite an: »Und was geschah dann?«

Er zog an seiner Zigarette und inhalierte den Rauch tief, bevor er weitersprach. Seine Stimme klang jetzt heiser.

»Im Maschinenraum konnte ich nicht sehen, wie sich die *Blücher* unaufhaltsam ihrer Schlachtbank näherte. Das habe ich erst hinterher erfahren. Der Kommandant hielt offenbar die Tatsache, dass die Küstenbatterie nur einen Schuss abgegeben hatte, für ein positives Zeichen. Aber wir mussten ja noch die Festung Oskarsborg passieren. Deren Geschütze waren zwar uralte Kanonen, aber damit beherrschten die Norweger das enge Fahrwasser. Auch ein großes Schlachtschiff hatte hier keine Chance. Ich bin mir sicher, dass all dies unserem Verbandschef bekannt war. Doch offenbar war er zu stark an Befehle gebunden, jedenfalls ging er das Risiko ein, keinen Zentimeter sind wir vom Kurs abgewichen.«

»Das klingt unglaublich«, rief Henriette.

Heinz nickte. »Es ist aber wahr. Dann kam es, wie es kommen musste: Die Norweger legten eine Lichtsperre, die *Blücher* wurde von allen Seiten angestrahlt, und jetzt lagen wir wie auf dem Präsentierteller mitten im engen Fahrwasser. Dann feuerten die Geschütze der Festung zwei Schüsse ab. Der erste schlug im Hauptflak-Gefechtsstand ein und tötete auf der Stelle mehrere Seeleute. Der zweite traf die Flugzeughalle, das dort befindliche Benzin fing sofort Feuer. Ich hörte nur, wie unser Schiff zurückschoss und wie von der

Kommandobrücke der Befehl an den Maschinenraum kam: ›Volle Kraft voraus!‹ Der Kapitän wollte den Kreuzer so schnell wie möglich aus der Gefahrenzone bringen. Doch wir hatten bereits einen Defekt, der durch die norwegischen Treffer verursacht worden war: Die Ruderanlage fiel aus. Dann ging es Schlag auf Schlag: Die norwegische Küstenbatterie feuerte in schneller Folge zig Schüsse ab, die meisten sind mittschiffs eingeschlagen.«

Er schloss für einen Moment die Augen und öffnete sie langsam wieder.

»Im Maschinenraum konnte man das Stakkato der Explosionen hören, alles schwankte, die Schiffswände knackten, das Licht flackerte, bald roch alles nach Pulverdampf und nach brennendem Benzin. Dann schlugen noch zwei Torpedos ein. Der Rumpf wurde aufgerissen und alle Maschinenräume geflutet, woraufhin beide Maschinen ausfielen. Die *Blücher* war tödlich getroffen.«

»Mein Gott«, entfuhr es Henriette.

Er nickte. »Aber ich hatte keine Lust, in diesem stählernen Sarg unterzugehen. Meinen Kameraden ging es genauso. Jetzt galt nur noch eine Devise, irgendwie an Deck zu gelangen. Wie durch ein Wunder habe ich es geschafft, mich durch das eiskalte Wasser nach oben zu arbeiten.« Er holte tief Luft. »Als ich endlich oben an Deck war, sah ich das Inferno: Die Heeresmunition, die Flugzeughalle und die Benzintanks der Krafträder standen bereits in Flammen. Der ganze Fjord war gespenstisch erhellt.«

Er steckte sich eine neue Zigarette an.

»Die *Blücher* war verloren – das hatte inzwischen auch der Kommandant erkannt. Er gab den Befehl, das Schiff zu verlassen. Jeder wollte jetzt nur noch seine Haut retten. Das Ufer war ja nicht weit entfernt, aber das Wasser war nahe dem Gefrierpunkt, das wussten wir. Trotzdem, da war keine Zeit zum Zögern, deswegen bin ich in den Fjord gesprungen und mit letzter Kraft bis ans Ufer geschwommen.«

Er zog an seiner Zigarette und blickte dem Rauch nach.

»Von dort sah ich, wie die *Blücher* kenterte. Sie versank mit wehender Flagge im Meer und riss alle mit in den Tod, die sich noch an Bord befanden oder es nicht geschafft hatten, rechtzeitig aus der Gefahrenzone zu schwimmen. Kurz danach hörte ich eine schwere Unterwasserexplosion; da, wo unser Schiff versunken war, brannte nun ein Ölteppich. Dort trieben tote Seeleute wie brennende Fackeln auf der Wasseroberfläche. Es stank nach Brand und Tod. Andere starben, obwohl sie sich an Land gerettet hatten, an Unterkühlung.«

Er warf die Zigarette fort.

»Meine Uniform war gefroren. Aber den anderen Geretteten ging es nicht besser, viele von ihnen waren ja auch verwundet. Hilfe kam erst am Nachmittag; bis dahin mussten wir in nassen Uniformen, ohne Verpflegung und Decken ausharren. Alle, die noch laufen konnten, sind nach Hallangen marschiert. Das war ein ziemlich beschwerlicher Weg, das dauerte etwa eine Stunde. Ich hatte keine Schuhe mehr an, die meisten anderen auch nicht. Aus unseren Schwimmwesten haben wir uns provisorisches Fußwerk angefertigt.«

Henriette legte ihm die Hand auf den Arm. »Und dann?«

Er seufzte. »In Hallangen gab es eine provisorische Unterkunft, und wir wurden notdürftig verpflegt. Als ich am nächsten Morgen die Unterkunft verließ, sah ich, dass es in der Nacht geschneit hatte. Der Himmel war blau, es war eisig kalt. Jeder erhielt eine halbe eiserne Ration der Wehrmacht: Dosenfleisch und Zwieback, dazu noch je eine

Kartoffel und etwas Milch. Am Nachmittag wurden wir schließlich von Autobussen abgeholt, nach Oslo gebracht und auf verschiedene Quartiere verteilt. Abends gab es noch einmal Verpflegung: drei Brote für je 35 Mann ...«

Heinz fuhr empor wie aus einem Alptraum erwacht, und blickte Henriette an. Sie hatte ihm die ganze Zeit über still zugehört. Er wollte eigentlich nicht mehr an die Katastrophe und an die Toten der *Blücher* denken, nicht mehr die Explosionen und die Todesschreie hören. Er wollte nur einen Tag mit Henriette am Meer verbringen, die Sonne der Freiheit genießen. Hier schien der Krieg weit weg zu sein. Aber dann hatte sie ihn nach seiner Vergangenheit gefragt, und er hatte begonnen, aus seinem Leben zu erzählen. Dortmund, die Hungerjahre, die Marine, der Krieg – es war so vieles da, über das er bisher mit niemandem gesprochen hatte. Sie war offenbar der erste Mensch, der ihn verstand.

»1000 von etwa 1600 Mann Besatzung und 900 Heeressoldaten haben den Untergang der *Blücher* überlebt«, fuhr er fort. »1500 Mann wurden unnötig geopfert, denn Oslo wurde einen Tag später durch Fallschirmjäger der Luftwaffe erobert. Der Kommandant überlebte die Katastrophe nur für kurze Zeit. Nachdem er zum Rapport nach Berlin befohlen worden war, wollte er zur Beisetzung der ums Leben gekommenen Seeleute nach Oslo zurückkehren. Doch sein Flugzeug stürzte ab. Der Absturzort und die Ursache blieben unbekannt.«

Er blickte Henriette an und starrte dann auf das Meer. »Drei Monate danach bin ich noch zweimal abgesoffen: einmal mit einem Frachter und einmal mit einem Truppentransporter. Wir sind beide Male torpediert worden. Danach hat man mir das Eiserne Kreuz verpasst, aber ich war nicht mehr schiffstauglich, sondern nur noch für den Dienst an Land geeignet, und so bin ich zur Marineversorgungsstelle nach Bordeaux gekommen.«

Henriette blickte ihn ernst an. »Heinz, was ich dich jetzt frage, das muss ich dich einfach fragen«, sagte sie und sprach ihn zum ersten Mal mit seinem Vornamen an. »Warum bist du überhaupt für Hitler in den Krieg gezogen? Warum haben die Deutschen so viele Länder überfallen und zerstört?«

»Als ich mit 19 zur Marine ging, hatte ich auch andere Dinge im Kopf«, sagte Heinz. »Aber der Krieg wurde uns aufgezwungen.«

»Von Hitler.«

Er starrte sie erstaunt an. »Das behauptet die bolschewistische Propaganda.«

»Wirklich? War es nicht Hitler, der den Angriff auf Polen befohlen hat?«

Er schwieg.

Sie lehnte sich vor. »Ich möchte wissen, was dich an Hitler so fasziniert, dass du sogar dein Leben für ihn aufs Spiel setzt?«

Heinz schwieg ein paar Sekunden. Dann sagte er: »Nun ja – er hat uns das Gefühl gegeben, als Deutsche wieder anerkannt zu sein. Wir waren doch ganz unten, bevor er kam …«

»Und was ist mit den Massendeportationen und Konzentrationslagern?«

»Das finde ich natürlich nicht gut«, antwortete er. »Natürlich nicht. Schlimm ist das.«

Sie schwiegen beide. Dann fragte er: »Glaubst du, wir Deutsche sind schlimmer als andere Menschen?«

»Nein, das habe ich nicht behauptet. Ich wollte nur wissen, was du denkst.«

»*Mon cœur est allemand* – mein Herz ist deutsch«, sagte Heinz und griff nach ihrer Hand. »Komm, lass uns eine Zeitlang nicht mehr vom Krieg reden.«

Sie nickte.

Er blickte auf seine Uhr. Es war kurz nach eins. »Ich denke, wir sollten uns zur Aufmunterung eine kleine Mahlzeit gönnen.«

»Ja, die können wir gebrauchen«, sagte Henriette.

Er stand auf, fasste sie an der Hand und ging mit ihr zum Motorrad. Über die Allee fuhren sie ins Ortszentrum. Sie kamen an einen kleinen Platz. Auf der rechten Seite sahen sie ein Restaurant: *La Taverne Neptune*.

Als sie das Lokal betraten, sahen sie, dass sie die einzigen Gäste waren. Sie nahmen an einem Tisch Platz. Ein kleiner, älterer Kellner, der einen Gang wie Charlie Chaplin hatte, kam an ihren Tisch. »Meine Herrschaften, womit kann ich Ihnen dienen?«

»Können Sie uns die Speisekarte bringen?«, bat Heinz.

»Monsieur, Sie werden verstehen, dass wir in diesen Zeiten über keine große Auswahl an Speisen verfügen«, sagte der Kellner. »Es gibt nur ein Tagesgericht, das ich Ihnen anbieten kann.«

»Und das wäre?«

Der Kellner lächelte verlegen: »Wir haben zufällig etwas Seebarsch bekommen. Ganz frisch aus dem Atlantik.«

Heinz blickte Henriette an. »Magst du Fisch?«

Sie nickte.

»In Ordnung, dann nehmen wir den Seebarsch«, sagte Heinz. »Und was gibt es dazu als Beilage?«

»Kartoffeln und frischen Spargel.«

»Wunderbar«, sagte Heinz.

»Möchten Sie auch etwas Wein zum Essen?«

Heinz nickte.

»Dann empfehle ich Ihnen einen Entre deux Mers«, sagte der Kellner. »Der passt sehr gut zum Barsch.«

»Einverstanden.«

Der Kellner watschelte in den hinteren Teil des Restaurants, wo sich die Küche befand. Nach einer Weile kam er zurück und stellte einen silbernen Eiskübel auf den Tisch, in dem der Entre deux Mers steckte. Dann öffnete er die Flasche, schenkte Heinz etwas von dem Wein ein und blieb abwartend stehen. Heinz hob das Glas und nahm einen Schluck. Der Wein war angenehm kühl und fruchtig.

Der Kellner blickte ihn an. »Monsieur, wie ist er?«

»Ausgezeichnet«, sagte Heinz. Daraufhin füllte der Kellner das Glas auf und schenkte auch Henriette ein. Dann verschwand er wieder.

Heinz hob sein Glas und blickte Henriette an. »Worauf sollen wir trinken?«

Sie lächelte ihn an, und er konnte sehen, dass es ein warmes, ein zärtliches Lächeln war.

»*À l'amour*«, sagte sie.

Heinz nickte. »*À l'amour.*«

Er berührte mit seinem Glas das ihre, und das leise Klirren war das einzige Geräusch, das im Lokal zu hören war.

»Man vergisst manchmal ganz, dass man lebt«, sagte er, nachdem sie getrunken hatten.

Sie blickte ihn an. »Wie meinst du das?«

Er lächelte müde. »Bisher habe ich nur Tod und Zerstörung kennengelernt. Man kann sich sogar an den Krieg gewöhnen. Aber seit ich dich kenne, ist alles anders.«

Nach dem Essen blieben sie noch eine Weile in dem Restaurant sitzen. Es war still. Heinz hielt über den Tisch hinweg ihre Hände, und sie spürte, wie die Wärme in ihren Armen hinaufstieg und sich in ihrem Körper ausbreitete. Es fühlte sich gut an, und Henriette wünschte sich, dass dieser Augenblick nie enden würde.

Je ne sais pas ce qui m'arrive – ich weiß nicht, wie mir geschieht, dachte sie. Aber es ist gut.

»Trink noch ein Glas Wein!«, bat Heinz.

Er ließ ihre Hände los, nahm die Flasche aus dem Eiskübel und füllte erneut ihr Glas. Sie trank und spürte eine wunderbare Leichtigkeit. Der Wein duftete nach Sonne und Leben, und in diesem Raum herrschte Frieden und Sicherheit, all das, was es draußen nicht gab.

»Ich wünschte, es wäre bald Frieden«, sagte sie.

Er nickte. »Ich hatte schon fast vergessen, wie das ist.«

»Meinst du, der Krieg wird noch lange dauern?«

»Ich fürchte, das Schlimmste steht uns noch bevor, falls es zur Invasion kommt.«

Sie blickte ihn ängstlich an. »Was glaubst du, was mit Bordeaux geschehen wird?«

»Ich weiß es nicht.«

»Musst du denn weiterkämpfen?«

»Wenn ich mich weigere, wäre ich ein Verräter. Man würde mich hängen oder erschießen.«

»Verzeih!«, sagte sie. »Es war eine dumme Frage.« Sie streckte ihre Hand aus und legte sie auf seinen Arm. »Aber was wirst du tun, wenn der Krieg vorbei ist?«

Heinz fühlte sich einen Moment lang hilflos. Darüber hatte er noch gar nicht nachgedacht. Was war, wenn der Krieg verloren war? Zurück nach Dortmund? Seine Heimatstadt? Eine tote Stadt. Zerstampft und vernichtet durch englische Bombenangriffe. 60 000 Menschen waren dort obdachlos. Aber wohin sollte er sonst gehen? In Bordeaux konnte er doch nicht bleiben. Die Wehrmacht hatte die Stadt überfallen, die Résistance würde sicherlich mit jedem Boche kurzen Prozess machen.

Aber jetzt gab es hier einen Anker, der ihn hielt. Er sah Henriette an, sah, wie sie atmete und auf eine Antwort wartete. Er kannte sie zwar erst seit kurzer Zeit, aber warum konnten sie nicht einfach glücklich sein und zusammenbleiben?

Heinz riss sich selbst aus seinem kurzen Traum. »Es ist sinnlos, schon jetzt über die Zeit nach dem Krieg zu spekulieren«, sagte er. »Lass uns froh sein, dass wir leben und diesen Tag genießen können.«

Als sie die Flasche Wein leer getrunken hatten, rief Heinz den Kellner, bezahlte und gab ihm reichlich Trinkgeld.

»Ich wünsche Ihnen noch einen wunderschönen Tag!«, sagte der Ober. »Besuchen Sie uns mal wieder. Vielleicht ist der Krieg ja bald vorbei, und dann gibt es auch wieder eine Speisekarte mit vielen Spezialitäten aus unserer Region.«

»Wir kommen bestimmt wieder«, sagte Heinz und lächelte Henriette an. Dann ergriff er ihre Hand, und sie verließen gemeinsam das Lokal. Er schwang sich auf das Motorrad, Henriette nahm hinter ihm Platz und lehnte sich an ihn. Dann startete er die Maschine, und sie fuhren nach Bordeaux zurück. Sie flogen über die schnurgerade Landstraße, vorbei an den Pinienwäldern, bis die ersten Vororte der Stadt auftauchten, vorbei an der *Base sous Marine*, zu den Kais, wo Henriettes blaues Fahrrad bereits auf sie wartete.

Heinz hielt an. Sie stiegen ab und sahen sich an.

»Danke für den wunderschönen Tag!«, sagte Henriette.

Heinz nickte. »Wann sehe ich dich wieder?«

Sie lächelte ihn an. »Du weißt doch jetzt, wo du mich finden kannst.«

Er zögerte einen Augenblick. Dann beugte er sich vor und küsste sie leidenschaftlich. In diesem Kuss schmolzen alle Ängste und Vorurteile dahin, und sie wussten plötzlich beide, dass sie zusammengehörten.

Kapitel 8

Das Geständnis

Abgesehen von verbalen Protesten gegen die deutschen Besatzer kam es in Bordeaux kaum zu ernsthaften Zwischenfällen. Nur einmal war die Stadt Schauplatz eines Attentats gegen die Besatzungsmacht gewesen. Am 21. Oktober 1941 wurde der deutsche Kriegsverwaltungsrat Hans Gottfried Reimers, Leiter der Abteilung Arbeitseinsatz und Arbeitsverwaltung der Feldkommandantur, auf offener Straße von dem Widerstandskämpfer Pierre Rebière erschossen. Die deutsche Militärverwaltung ließ daraufhin 50 französische Geiseln auf dem Artillerieschießplatz Camp Souges erschießen und die Leichen in einem Massengrab verscharren. Danach beschränkten sich die antideutschen Aktionen laut zahlreicher Beschwerden der Standortkommandantur an die Präfektur darauf, dass sich die Bevölkerung nicht »genügend respektvoll« gegenüber den deutschen Soldaten verhielt. Im Filmtheater Olympia *etwa musste die Vichy-Polizei mehrfach für Ordnung sorgen. Einmal verließen die Zuschauer laut protestierend den Saal, als in der »Wochenschau« eine Truppenvisite Hitlers gezeigt wurde. Ein anderes Mal applaudierten sie, als deutsche Soldaten von englischen Fliegern beschossen wurden. Andererseits florierten die Geschäfte mit der Wehrmacht, vor allem der Weinhandel. Kaum einer Branche ging es während der Besatzungs-*

zeit so gut. Die Weinhändler und Winzer hatten sich schnell mit den neuen Kunden, denen man selbst den muffigsten der liegengebliebenen Jahrgänge andrehen konnte, arrangiert. »Les affaires sont les affaires« – »*Geschäft ist Geschäft*« *lautete eine gängige Parole in dieser Zeit, ebenso wie:* »Il faut gagner son pain« – »*Man muss sein Brot verdienen*«.

Das Hotel lag am Gare Saint Jean, dem Bahnhof von Bordeaux. Über dem Eingang leuchtete ein Schild mit der Aufschrift *Belle Epoque*. Aber Henriette sah auf den ersten Blick, dass das Hotel schon bessere Zeiten erlebt hatte. Es war ein ziemlich alter Kasten, der äußerst renovierungsbedürftig aussah.

»Es ist kein schönes Hotel«, sagte Heinz.

Sie blickte ihn an und lächelte. »Das macht nichts.«

»Wirklich? Du kannst es ruhig sagen, wenn du nicht hineingehen willst.«

Sie lehnte sich an ihn. »Doch, ich will.«

»Gut, dann komm.«

Er fasste sie an der Hand, und sie gingen durch den Eingang. Der Concierge an der Rezeption blinzelte sie an wie ein müder, alter Kater. Er trug ein weißes Hemd, eine speckige schwarze Lederweste und einen weißen Schnurrbart, der sich an den langen Enden nach oben bog. Unter seinen gelblichen Augen hingen gewaltige Tränensäcke, die von vielen schlaflosen Nächten, Pastis und Zigaretten erzählten.

»Haben Sie ein Zimmer frei?«, fragte Heinz.

Der Concierge nickte. »Ja. Das Zimmer liegt allerdings auf der Bahnhofsseite und es ist ziemlich laut.«

»Das macht nichts«, sagte Heinz. »Wir bleiben nur eine Nacht.«

»Schön«, erwiderte der Concierge. Er war es gewohnt, viele Menschen kommen und gehen zu sehen. Normale Reisende, Geschäftsleute und Weinhändler, aber auch Huren mit ihren Freiern. Und in letzter Zeit auch viele Flüchtlinge. Sie blieben meist nicht lange, oft nur für ein paar Stunden. Aber er hatte sich daran gewöhnt, in dieser Zeit keine Fragen zu stellen.

Er angelte sich einen Schlüssel, der an einem Brett hinter ihm hing. »Nummer 35, dritter Stock«, sagte er.

Heinz nahm den Schlüssel.

Der Concierge sah ihn schläfrig an. »Haben Sie noch einen Wunsch? Möchten Sie etwas zu trinken?«

»Nein, danke«, sagte Heinz.

»Gut, wie Sie wollen. Der Aufzug ist dort drüben.«

Er wies mit der Hand nach links. Heinz und Henriette gingen zum Aufzug. Es war ein uraltes Modell – ein Kasten aus Eisenstreben, nach oben offen. Heinz schob das Gitter auf. Henriette ging hinein, er folgte und drückte auf den Startknopf. Die Gittertür schloss sich quietschend, dann setzte sich der Aufzug knarrend in Bewegung.

»Fast wie im Gefängnis.« Heinz grinste Henriette an. »Aber zum Glück werde ich von einer hübschen Aufseherin bewacht.«

Sie lächelte zurück. »Und ich von einem netten Aufseher.«

Als sie den dritten Stock erreicht hatten, schob Heinz die Tür zur Seite, und sie betraten den Flur. Zimmer 35 befand sich am Ende des Ganges. Heinz schloss auf. Sie betraten einen hohen Raum mit einem Bett, einem Schrank und einem kleinen Tisch, an dem zwei Stühle standen. Die rosafarbene Tapete begann sich an einigen Stellen bereits zu lösen.

»Du gehörst eigentlich nicht in so ein Hotel«, sagte Heinz. »Wenn du nicht hierbleiben willst, können wir auch wieder gehen.«

Sie lächelte ihn an. »Das Hotel ist nicht wichtig. Hauptsache, wir sind zusammen. Ich möchte hierbleiben.«

Sie ging zum Fenster, schob die Vorhänge zur Seite und blickte nach draußen. Gegenüber konnte sie den Bahnhofsvorplatz sehen, Taxis und Busse hielten, Reisende stiegen aus und verschwanden eilig mit ihrem Gepäck in der großen Eingangshalle, als wären sie vor etwas Bedrohlichem auf der Flucht. Aber sie sah auch Menschen, die scheinbar entspannt vor den zahlreichen Bistros in der Abendsonne saßen und einen Aperitif tranken. Ein Mann stand auf dem Trottoir und spielte Akkordeon. Vor sich hatte er eine Blechdose stehen. Passanten gingen vorbei, ab und zu warf jemand ein Geldstück hinein.

»Straßenmusikant müsste man sein«, sagte Heinz. Er war lautlos hinter Henriette getreten. »Eine hübsche Melodie.«

Sie lächelte ihn an. »Ein beliebtes französisches Chanson.«

»Wie heißt es?«

»›La romance de Paris‹.«

»Das passt gut«, sagte Heinz. »Auch wenn wir nicht in Paris sind – hier in Bordeaux ist es ebenso schön.«

»Ja.« Sie wandte ihm ihr Gesicht zu. »Aber Paris ist viel imposanter. Viel mondäner, flirrender und funkelnder.«

»Mag sein. Warst du schon einmal dort?«

Sie lachte. »Welches Mädchen träumt nicht davon? Aber ich kenne Paris bisher nur von Postkarten. Der Eiffelturm, die Champs-Elysées, der Arc de Triomphe, der Place de la Concorde, der Louvre, Montmartre.«

»Hört sich großartig an«, sagte er. »Nun ja, Bordeaux

mag zwar nicht so imposant sein, aber ich finde, dass es eine sehr charmante Stadt ist.«

»Wirklich?«

»Ich habe immerhin die meiste Zeit des Krieges hier verbracht. Ich mag die Menschen hier und ihre Lebensart.«

»Hast du niemanden, der in Deutschland auf dich wartet?«

»Du meinst, eine Frau?«

Sie nickte.

»Nein, ich habe keine Frau, die auf mich wartet.« Er seufzte leicht.

Sie blickte ihm in die Augen. »Könntest du dir vorstellen, für immer hier zu leben?«

Er legte seinen Arm um sie und zog sie an sich. »Seitdem ich dich kenne, kann ich mir alles vorstellen.«

»Alles?«

»Ja, alles. Ich kann mir ein ganzes Leben hier in Bordeaux vorstellen. Und zwar zusammen mit dir.«

»Obwohl du mich kaum kennst?«

»Was spielt das für eine Rolle? Ich weiß, dass wir zusammengehören.«

»Woher weißt du das?«

»Ich weiß es seit dem Tag, als ich dich zum ersten Mal im Port de la Lune gesehen habe. Und dieses Gefühl ist immer stärker geworden. Ich hätte nie gedacht, dass mir so etwas jemals passiert. Aber es ist so: Ich kann mir ein Leben ohne dich nicht mehr vorstellen.«

Henriette blickte ihm direkt in die Augen. »Es klingt sehr schön, was du sagst. Ein Leben in Bordeaux ... Glaubst du, dass das möglich ist?«

»Ich weiß es nicht. Aber wenn wir Glück haben und wir den Krieg überleben, wird vielleicht eine bessere Zeit anbrechen, in der alles möglich ist.«

Sie lächelte ihn an, und ihr Gesicht erschien ihm wie ein heller Traum in der Dämmerung. Es duftete nach Sommer und Leben. Der Akkordeonspieler begann, eine andere Melodie zu spielen.

»Klingt auch sehr schön«, sagte Heinz. »Wie heißt dieses Chanson?«

»›Je suis seul ce soir‹ – Heute Abend bin ich alleine.«

Er legte seinen Arm um sie. »Keine Angst, du bist nicht allein. Ich werde dich immer lieben.«

»*Je t'aime aussi.*«

»Dann lass uns in dieser Nacht einfach nur glücklich sein. Denn wir wissen nicht, was morgen ist.«

* * *

Heinz war vor ihr eingeschlafen. Henriette lag noch eine Weile wach, den Kopf an seine Schulter gepresst, und spürte seinen warmen Atem.

Il est entré dans mon cœur – er hat mein Herz erobert, dachte sie. Jetzt gehöre ich ganz ihm.

Bei diesem Gedanken, so schön er auch war, wurde ihr zugleich beklommen zumute. Wie sollte sie ihren Eltern erklären, dass sie einen Deutschen liebte? Was würden sie sagen? Ihr Vater hatte im Ersten Weltkrieg gegen die Deutschen gekämpft. Würden sie ihre Gefühle verstehen? Sollte sie ihre Liebe besser verschweigen? War das vielleicht eine Lösung?

Sie verwarf die Idee sofort wieder. Denn irgendwann würde unweigerlich das Getuschel der Leute beginnen, ihre Eltern würden alles erfahren, und das würde die Geschichte nur noch komplizierter machen. Sie wusste, dass sie eine Verantwortung ihren Eltern gegenüber hatte. Und dieser Pflicht konnte sie sich unmöglich entziehen. Es durfte ihr nicht egal sein, was sie empfanden. Sie musste mit ihnen reden.

Plötzlich fühlte sie sich sehr schwach und hilflos und begann lautlos zu weinen. Sie hatte immer gedacht, dass die Liebe wie eine rosafarbene Wolke sei, die über dem Meer schwebte. Dass sie auch aus Tränen bestand, hatte sie sich nicht vorstellen können.

Nach einer Weile beruhigte sie sich wieder. Sie würde am nächsten Tag zuerst mit ihrer Mutter reden und dann auch mit ihrem Vater. Mit diesem festen Vorsatz schlief sie ein.

* * *

Als Henriette am anderen Morgen in die Küche kam, war ihr Vater bereits zur Arbeit gegangen. Ihre Mutter Louise stand am Herd und drehte sich herum, als sie eintrat.

»Hast du gut geschlafen?« Offenbar hatte ihre Mutter nicht gemerkt, dass sie über Nacht nicht daheim gewesen war.

»So lala«, sagte sie und setzte sich an den Küchentisch.

»Ich werde dir einen heißen Café au Lait machen«, sagte Louise. »Der wird deine Lebensgeister wecken.«

Sie erhitzte den Kaffee und die Milch auf dem Herd und brachte der Tochter dann eine dampfende Schale Milchkaffee. Henriette nahm sie in beide Hände und führte sie langsam zum Mund, während die Mutter sich ihr gegenüber an den Küchentisch setzte.

»Fühlst du dich nicht gut?«

»Doch, mir geht es gut.«

»Aber du siehst aus, als wenn du etwas auf dem Herzen hättest. Gibt es etwas, was ich wissen muss? Du weißt doch, dass du mit mir über alles sprechen kannst.«

Sie nickte.

»Was ist es?«

»Ich habe mich verliebt.«

Ihre Mutter lächelte. »Aber das ist doch kein Grund, so ein ernstes Gesicht zu machen. Wer ist es denn? Kenne ich ihn? Jemand aus der Nachbarschaft?«

»Nein.«

»Willst du es mir nicht verraten?«

»Doch.«

»Also, dann spann mich nicht länger auf die Folter.«

Henriette atmete tief durch. »Mir ist etwas widerfahren, was ich nie für möglich gehalten hätte. Und ich weiß nicht, wie ich es dir erklären soll.«

Die Mutter lächelte. »Die Liebe ist wie ein Wunder. Man kann sie nicht erklären. Als ich deinen Vater kennenlernte, wusste ich auch nicht, was mit mir passiert.«

»Es ist aber ganz anders, als du denkst«, sagte Henriette und konnte die Tränen plötzlich nicht mehr zurückhalten.

Louise stand auf und nahm sie in den Arm. »Wenn man verliebt ist, sollte man eigentlich nicht weinen.«

»Ich weine, weil ich glücklich bin«, schluchzte Henriette. »Aber auch, weil ich dir nicht weh tun möchte.«

»Aber du tust mir doch nicht weh, bloß weil du glücklich bist. Ich verstehe dich nicht.«

Henriette atmete noch einmal tief durch, dann sagte sie: »Ich liebe einen deutschen Soldaten.«

Sie sah, wie ihre Mutter sie erschrocken anstarrte.

»Einen *Allemand*?«

Dann herrschte erst mal eine unheimliche Stille.

Henriette durchbrach das Schweigen. »Jetzt denkst du wahrscheinlich, dass ich ein Deutschenflittchen bin.«

»Kind, wie kannst du so etwas sagen!«, entgegnete ihre

Mutter. »Ich bin nur sehr überrascht. Damit habe ich nun wirklich nicht gerechnet. Warum gerade ein Deutscher? Du weißt doch, was das in diesen Zeiten bedeutet.«

»Ich habe befürchtet, dass du es nicht verstehen wirst. Keiner wird es verstehen.«

»Aber so meine ich es ja gar nicht«, sagte Louise. »Es ist ja kein Unglück, wenn man sich liebt. Aber ich weiß nicht, ob du dir der Tragweite bewusst bist, was es bedeutet, einen Deutschen zu lieben.«

»Ich weiß, es hätte eigentlich nicht passieren dürfen. Aber es ist passiert. Ich konnte nichts dagegen tun.«

»Wo hast du ihn kennengelernt?«

»Im Port de la Lune. Er heißt Heinz und ist 1941 nach Bordeaux gekommen. Er ist derselbe Soldat, der uns bei dem Bombenangriff in Sicherheit gebracht hat – erinnerst du dich?«

»Ja, ich erinnere mich gut an ihn. Er war sehr hilfsbereit. Aber bist du dir wirklich sicher, dass du ihn liebst?«

Henriette nickte. »Ich war gestern den ganzen Tag und die Nacht mit ihm zusammen. Er ist überhaupt nicht so, wie ich mir die Deutschen vorgestellt habe. Nein, er ist sehr empfindsam und fast etwas schüchtern. Und das Verrückte an der ganzen Geschichte ist: Ich schäme mich überhaupt nicht.«

»Für deine Gefühle brauchst du dich nicht zu schämen«, sagte ihre Mutter.

»Denkst du auch wirklich nicht schlecht von mir?«

»Nein, mein Kind, ich will doch nur das Beste für dich. Aber ich habe Angst, dass du dich auf etwas eingelassen hast, das nicht das Beste für dich ist. Das musst du doch verstehen.«

»Ich weiß auch nicht, was das Beste ist«, seufzte Henriette. »Ich habe ihn vor einigen Tagen zum ersten Mal rein zufällig im Hafen getroffen. Wir haben nur ein paar Worte miteinander gewechselt. Aber da war plötzlich etwas, das ich nicht erklären kann. Schon nach den ersten Sekunden. Ich habe mich mit allen Kräften dagegen gewehrt. Ich wollte ihn nicht wiedersehen und habe mir die Gedanken an ihn verboten. Ich habe sogar versucht, schlecht über ihn zu denken, weil er ja ein Deutscher ist. Ich habe versucht, mir vorzustellen, dass er ein Barbar ist wie die Boches auf den Plakaten der Résistance. Ich habe alles versucht. Aber es hat nichts genutzt.«

»Ich kann verstehen, dass so etwas passiert«, antwortete Louise. »Es gibt offenbar Ereignisse, die unausweichlich sind und unser Leben für immer verändern. Vielleicht sind sie sogar vorbestimmt, und wir können nichts dagegen tun.«

»Ich habe keine Angst davor, was die anderen Leute denken«, sagte Henriette. »Das ist mir egal. Aber ich habe Angst davor, was Vater sagen wird.«

»Ich werde mit ihm reden. Es wird nicht leicht sein, aber ich werde das schon erledigen.«

»Glaubst du, er wird es verstehen?«

»Du müsstest ihn doch eigentlich kennen. Er ist ein warmherziger Mensch, der auch nur das Beste für dich will. Ich denke, er wird es verstehen, auch wenn es im Augenblick schwer vorstellbar erscheinen mag.«

* * *

Als Heinz die Weinhandlung betrat, sah er, dass Henriette nicht allein war. Sie war damit beschäftigt, einen älteren Mann zu bedienen, und füllte aus einem Fass eine Flasche *vin ordinaire* für ihn ab. Sie warf Heinz einen kurzen Blick zu, ließ sich aber nicht anmerken, dass sie ihn kannte. Er trug die Uniform der Kriegsmarine, und er hörte, wie der Mann Henriette zuflüsterte: »*Vous n'avez pas honte de fricoter avec les boches?*« – »Schämen Sie sich nicht, mit den Deutschen Geschäfte zu machen?«

»Ich habe nicht die Möglichkeit, sie vor die Tür zu setzen«, flüsterte sie zurück. »*On est tous sous la botte des nazis – c'est l'enfer.*« – »Wir alle stehen heutzutage unter dem Stiefel der Nazis. Es ist die Hölle.«

Der Mann nickte wortlos. Dann bezahlte er und machte im Hinausgehen einen weiten Bogen um Heinz, als sei dieser von der Pest befallen. Als die Ladentür hinter ihm ins Schloss gefallen war, sagte Henriette: »Nimm meine Worte bitte nicht ernst. Ich könnte dich natürlich niemals vor die Tür setzen.« Dann lächelte sie ihn an. »Monsieur, womit kann ich dienen?«

Er lachte. »Ich hatte in der Gegend zu tun und dachte, dass ich auf einen Kuss vorbeischaue.«

»Monsieur, worauf warten Sie noch?«

Er zögerte nicht länger, nahm sie in den Arm und küsste sie. Es war eine lange Umarmung, und es fiel ihnen schwer, sich wieder aus diesem Universum der Zärtlichkeit zu lösen und in die Realität zurückzukehren. Heinz sah, dass Henriettes Augen ihn ernst anblickten.

»*Je t'aime*«, flüsterte sie.

Er sah sie an. »Aber du kennst mich doch kaum.«

»Was hat das damit zu tun? Ich bin glücklich, und ich möchte, dass du auch glücklich bist.«

Er nahm ihre Hände. »Ich liebe dich auch.«

Sie nickte. »Aber ich muss etwas Wichtiges mit dir besprechen.«

»Ein Problem?«

»Ich habe heute Morgen mit meiner Mutter über uns gesprochen. Ich habe ihr gesagt, dass ich dich kennengelernt habe und dass ich dich liebe. Ich will und kann meine Gefühle vor niemandem verstecken, vor allem nicht vor meinen Eltern. Deshalb habe ich mir gedacht, dass es besser ist, wenn sie über uns Bescheid wissen.«

Er nickte beklommen. »Und wie hat deine Mutter reagiert?«

»Ich glaube, es ist ihr nicht leichtgefallen, als sie hörte, dass ich einen Deutschen liebe. Aus ihrer Sicht kann ich das sogar gut verstehen, bei all dem Hass und den Kriegen zwischen Deutschen und Franzosen. Aber letztlich hat sie meine Entscheidung akzeptiert. Heute Abend will sie mit meinem Vater reden. Ich hoffe, dass auch er mich versteht.«

»Ich denke, es ist richtig, dass du deinen Eltern reinen Wein eingeschenkt hast«, sagte Heinz erleichtert. »Von Versteckspielen halte ich nichts. Ich wäre froh, wenn sie mich eines Tages akzeptieren könnten.«

* * *

Als Henriette nach Hause kam, saßen die Eltern am Küchentisch. Sie brachen die Unterhaltung ab, und ihr Vater blickte sie mit seinen grauen Augen an.

»Setz dich!«, sagte er. »Wir müssen miteinander reden.«

Sie nickte und nahm Platz.

»Deine Mutter hat mir diese unglaubliche Geschichte erzählt.«

Sie blickte ihn an. »Ich hoffe, du denkst nicht schlecht von mir. Ich liebe Heinz, und wenn du mich liebst, kannst du vielleicht auch verstehen, was mir passiert ist.«

Ihr Vater holte tief Luft. »Wenn ich ehrlich bin, fällt es mir sehr schwer. Aber ich will dir keine Schuldgefühle einreden. Du bist alt genug, um zu wissen, was du tust. Ich kann nur hoffen, dass du die richtige Entscheidung getroffen hast und dass dieser Mann deine Liebe verdient. Aber vergiss nie, dass auch wir dich lieben und dass wir immer für dich da sind, egal was auch passiert.«

Er stockte und blickte seine Frau an. »Mein Gott, ich könnte jetzt was vertragen. Haben wir noch etwas von dem Cognac?«

Seine Frau holte die Flasche aus dem Buffet, füllte ein Glas und stellte es vor ihm hin. Er leerte es mit einem Schluck und blickte dann wieder Henriette an.

»Ich fände es am besten, wenn du deinen Verlobten in den nächsten Tagen einmal zum Essen einladen würdest, damit wir ihn kennenlernen.«

Jetzt lächelte er. Sie saß da und brachte kein Wort heraus. Aber sie spürte, wie ihr vor Erleichterung die Tränen über die Wangen liefen.

* * *

Als es klingelte, öffnete Henriette die Tür. Es war Heinz. Er trug Zivil, ein hellblaues Hemd und einen grauen Anzug.

Sie atmete erregt. »Ich hatte schon Angst, dass du nicht kommen würdest.«

Er lächelte. »Wie kommst du denn auf diese Idee?«

»Es hätte ja sein können, dass du es dir anders überlegt hast.«

»Natürlich nicht. Ich bin ja jetzt auch verantwortlich für dich.«

Sie zögerte eine Sekunde mit der Antwort. »Es ist schön, dass du das sagst. Aber du musst dich nicht für mich verantwortlich fühlen. Ich bin alt genug, um auf mich selbst aufzupassen.«

Er grinste. »Ich weiß, du bist eine starke Frau.«

Sie küsste ihn. Dann nahm sie ihn bei der Hand. »Komm jetzt rein. Meine Eltern warten schon auf dich.«

Sie ging voraus und führte ihn durch die Diele in die Küche. Ihre Eltern saßen am Tisch und blickten gespannt auf, als Heinz den Raum betrat.

Henriette hielt unwillkürlich den Atem an. Sie spürte: Es war eine ungewöhnliche Situation – ein Augenblick, als stehe die Zeit still. Ein Augenblick der Anspannung und Wachsamkeit, aber auch voller Hoffnung und Mut.

Sie wartete darauf, dass etwas geschah. Dann stand ihr Vater unvermittelt auf und streckte Heinz die Hand entgegen. »*Bienvenue*, Heinz.«

Sie spürte, wie sich die Anspannung löste und ihr ein Stein vom Herzen fiel.

Ihr Vater sprach weiter: »Heinz, Sie können sich wahrscheinlich vorstellen, dass wir in diesen Zeiten nicht damit gerechnet haben, einen deutschen Soldaten in unserem Haus zu empfangen. Aber wir haben Sie ja bereits kurz kennengelernt und nicht vergessen, dass Sie uns in einer gefährlichen Situation geholfen haben. Bitte nehmen Sie Platz und seien Sie unser Gast.«

»Danke«, sagte Heinz.

Henriettes Mutter lächelte. »Dann kann ich jetzt das Coq au Vin servieren.«

»Ausgezeichnet«, sagte ihr Mann und blickte Heinz an. »Meine Frau macht das beste Coq au Vin in ganz Bordeaux. Und Henriette die besten Crêpes. Die gibt es zum Nachtisch.« Dann entkorkte er eine Flasche Wein und füllte zwei Gläser. »Es ist guter Wein aus Listrac.« Er reichte Heinz ein

Glas. »Hoffen wir, dass dieser sinnlose Krieg bald zu Ende ist und wir dann in Frieden leben können.«

Heinz nickte.

»Ich weiß, was Krieg bedeutet«, sagte Henriettes Vater. »Ich habe den Helden- und Ruhmesrausch im Ersten Weltkrieg erlebt. Aber die Kriegsbegeisterung war schnell verflogen. Es dauerte gerade fünf Monate, da war der deutsche Vormarsch zum Stillstand gekommen, und wir lagen uns in einer hundert Kilometer langen Front gegenüber, Franzosen und Deutsche.«

Er machte eine kurze Pause, als würden vor ihm noch mal all die grässlichen Bilder entstehen.

»Der Krieg machte uns alle gleich, über wie unter der Erde. Wir litten alle unter Läusen, Schlamm, Kälte, Hunger und Todesangst. Wir waren des Tötens müde, erschöpft und desillusioniert. Wir sehnten uns nach Frieden. Nur einmal wurden die Kampfhandlungen eingestellt: am Heiligen Abend 1914. Da krochen wir aus den Schützengräben und stellten brennende Christbäume auf die Böschungen. Anschließend gingen wir durchs Niemandsland und baten um einen Waffenstillstand, um unsere Gefallenen begraben zu können. Wir tauschten sogar Geschenke aus und sangen Weihnachtslieder – mit unseren verhassten und erbitterten Gegnern. Alle waren unbewaffnet. Wir sprachen französisch und deutsch und verstanden uns trotzdem, ja, wir warnten uns sogar gegenseitig unter der Hand, wo Minen lagen. Es war ein Augenblick, den ich mein Leben lang nicht vergessen werde.«

Heinz nickte. »Das kann ich gut verstehen.«

Henriettes Vater fuhr sich mit der Hand übers Gesicht. »Auf beiden Seiten herrschte die Meinung, dass endlich Schluss sein müsse. Aber nach Weihnachten ging das sinnlose Sterben weiter. Erst nach mehr als vier schrecklichen Jahren war endlich Ruhe. 1,4 Millionen Opfer gab es allein in Frankreich. Überall wurden Ehrenmale für die getöteten Soldaten errichtet und der Poilu als Held der Nation gefeiert.«

Heinz blickte ihn fragend an.

»Poilu, so nennen wir den unbekannten Helden, der auf allen Ehrenmalen für die getöteten Soldaten thront«, erklärte Henriettes Vater. Er schwieg kurz, dann fuhr er fort: »Die Überlebenden wurden mit dem Croix de Guerre oder dem Orden der Ehrenlegion belohnt. Die Toten trugen keinen Lohn davon. Danach sprach man vom allerletzten Krieg und wollte eine neue Welt in Frieden gründen. Jetzt stehen wir wieder vor einer Katastrophe.« Er räusperte sich. »Wie denken Sie darüber?«

Heinz nickte. »Ich habe bisher in diesem Krieg Glück gehabt. Dreifaches Glück.«

»Glück?«

»Ja, denn ich bin dreimal nur ganz knapp dem Tod entkommen. Das erste Mal im April 1940, als ich an Bord des Kreuzers *Blücher* war, der im Oslofjord versenkt wurde. Danach bin ich noch zweimal buchstäblich abgesoffen: zwei Monate später mit einem Fischerboot, das zur Küstenwache eingesetzt wurde, und dann, am 2. September 1940, mit einem Truppentransporter, der vor der dänischen Küste von einem Torpedo getroffen wurde. Ich trieb mehrere Stunden im eisigen Wasser, konnte aber gerettet werden, während 560 meiner Kameraden ertranken.«

»Dann haben Sie wirklich großes Glück gehabt«, sagte Henriettes Vater. »Und was hat Sie nach Bordeaux verschlagen?«

»Ich hatte vom brennenden Dieselöl Brandwunden erlitten, außerdem waren meine Lungen durch den langen Aufenthalt im eisigen Wasser angeschlagen. Ich musste in einem Lazarett behandelt werden. Danach war ich nicht mehr schiffstauglich. Im Frühjahr 1941 bin ich dann zur Marine nach Bordeaux versetzt worden. Der zweite Glücksfall, denn dadurch bin ich niemals in die Situation gekommen, auf Menschen schießen zu müssen.«

»Ich verstehe«, sagte Henri.

Heinz blickte ihn an. »Der dritte Glücksfall war, dass ich Henriette kennengelernt habe. Sie war der erste Mensch, mit dem ich über alles sprechen konnte. Sie hat mir die Augen geöffnet und Fragen gestellt, die ich bis dahin verdrängt hatte. Durch Henriette habe ich Bordeaux als wunderbare Stadt schätzen gelernt; sie hat mich nicht als Boche behandelt.«

Henriettes Vater sah ihn eine Sekunde lang betreten an. »Ich gebe zu, das ist wirklich kein schönes Wort, das wir Franzosen für die Deutschen erfunden haben. Aber wir leben leider in einer Zeit, in der nicht viel Platz für Höflichkeiten ist. Wir können nur hoffen, dass der Irrsinn bald vorbei ist.«

Kapitel 9

Der längste Tag

Die See war rau in dieser Nacht. Nebel waberte über den Wellen. Als am 6. Juni 1944 um 6.30 Uhr der Morgen graute, bewegte sich eine schwarze Wand von Schiffen auf die Küste der Normandie zu. Dann donnerten Schiffskanonen los, und ein Stahlgewitter brach über den Strand herein. Die Invasion begann.

Die alliierte Streitmacht, die sich anschickte, die »Festung Europa« des verhassten Nazideutschlands zu erobern, übertraf alles, was man in diesem Krieg, an welcher Front auch immer, erlebt hatte. An der »Operation Overlord« war eine Streitmacht von mehr als einer Million alliierter Soldaten, 6700 Schiffen und 13 000 Flugzeugen beteiligt. Bereits in der Nacht zuvor waren Tausende Fallschirmspringer von Lastenseglern hinter den deutschen Linien abgesprungen.

Während aus den Landungsbooten die ersten Soldaten heraussprangen, schlief die deutsche Führung. Hitler, der die Vorsehung stets auf seiner Seite glaubte, befand sich in seiner Alpenfestung bei Berchtesgaden, und niemand wagte ihn zu wecken. Der Oberkommandierende in Frankreich, Generalfeldmarschall Rundstedt, war auf Inspektionsreise in der Normandie unterwegs. Der Chef der 21. Panzerdivision, General Feuchtinger, war am Abend zuvor zu einer

Spritztour nach Paris gestartet, wo ihn seine französische Geliebte erwartete. Und auch die Truppen an der normannischen Küste waren den Abend des 5. Juni ruhig angegangen. Wer dienstfrei hatte, ging ins Wirtshaus oder ins Bordell.

Als Heinz am Spätnachmittag dieses Tages ins Bistro *L'Ancre d'or* kam, spürte er sofort, dass sich etwas verändert hatte. Es war, als würde plötzlich ein unsichtbarer Stacheldraht die französischen Arbeiter und die deutschen Marinesoldaten trennen. Statt der bisher beinahe kameradschaftlichen Stimmung herrschte eine fast gespenstische Ruhe. Die Männer unterhielten sich ungewöhnlich leise. Heinz ging an den Tisch, wo wie gewöhnlich die Skatspieler saßen, der Gabin-Typ, der Weißhaarige und der Unteroffizier mit der Ringerfigur. Jetzt lagen die Spielkarten vor ihnen auf dem Tisch wie nach einer verlorenen Partie. Niemand schien Lust auf ein weiteres Spiel zu haben.

»Hast du Neues aus der Normandie gehört?«, fragte der weißhaarige Feldwebel.

»Der Wehrmachtsbericht meldet, dass unsere Leute heldenhaft kämpfen«, sagte Heinz. »Und dass die Alliierten nur schleppend vorankommen.«

»Ich möchte jetzt nicht in der Haut unserer Kameraden dort stecken«, sagte der Weißhaarige. »Die scheinen ziemlich im Dreck zu sitzen.«

»Nun scheiß dir mal nicht gleich in die Hose«, höhnte der Feldwebel mit der Ringerfigur. »Wir haben Polen in zwei und Frankreich in sechs Wochen besiegt. Erst vor zwei

Tagen hat Goebbels in einer Rede gesagt, dass es den Führer reizen würde, dem Feind auch dann entgegenzutreten, wenn sich seine Soldaten in der Überzahl befinden, denn schließlich seien unsere besser ausgebildet. Und auch besser bewaffnet. Ich bin mir absolut sicher: Wenn Hitlers Wunderwaffen zum Einsatz kommen, wird den Alliierten Hören und Sehen vergehen.«

»Du Schlauberger – dann frage ich dich, wo bleiben diese Wunderwaffen, die der Führer versprochen hat?«, konterte der Weißhaarige. »Warum kommen sie denn nicht zum Einsatz?«

»Der Führer hat sich den Einsatzbefehl persönlich vorbehalten. Er wird sie schon im richtigen Augenblick einsetzen.«

»Dann kannst du mir sicher auch erklären, warum die Führung offenbar nichts vom Aufmarsch der Alliierten gemerkt hat. Eine Streitmacht von über einer Million Soldaten und eine Armada von über 6000 Schiffen – so was kann man doch unmöglich verstecken. Das ist doch keine Geisterarmee. Wo waren unsere Aufklärer? Ich habe das Gefühl, dass da oben nur heilloses Durcheinander herrscht.«

Der Feldwebel antwortete nicht.

»Euch ist schon klar, was das alles für uns hier in Bordeaux bedeuten kann?«, fuhr der Weißhaarige fort.

»Wie meinst du das?«, fragte der Feldwebel.

»Stell dir vor, die Alliierten schaffen den Durchbruch und stoßen bis Paris vor. Dann sitzen wir hier in der Falle, und der Schlamassel beginnt auch für uns.«

Der Feldwebel warf dem Weißhaarigen einen giftigen Blick zu. »Verdammt noch mal, was redest du da eigentlich? Ich habe keine Lust, mir diesen Quatsch länger anzuhören.« Er stand auf und verließ das Lokal.

»Ich meine auch, du solltest nicht den Teufel an die Wand malen«, pflichtete Heinz ihm bei. »Keiner von uns weiß doch im Augenblick genau, was an der Front in der Normandie vorgeht.«

Der Weißhaarige starrte ihn an. »Glaubst du etwa immer noch an den Endsieg, Kleiner?«

Heinz blickte ihn irritiert an, erwiderte aber nichts. Es war eine Frage, der er bisher immer ausgewichen war, obwohl er die Antwort längst kannte.

Ich muss mit Henriette sprechen, dachte er. Sie ist die Einzige, der ich trauen kann.

* * *

Eine Woche später saß er mit Henriette auf einer Bank im Jardin Public. Sie sahen, wie die Sonne durch die Bäume brach und in silbernen Streifen auf die grünen Rasenflächen fiel.

»Ich fürchte, wir werden den Krieg verlieren«, sagte Heinz.

Henriette blickte ihn überrascht an. »Ich dachte, wir seien hier in einem Märchenwald und weit weg vom Krieg.«

»Nein, das sind wir leider nicht«, sagte Heinz. »Die Alliierten sind überall auf dem Vormarsch. Sie haben die absolute Lufthoheit und bombardieren systematisch deutsche Städte. Es kann nur noch Tage dauern, bis sie Paris eingenommen haben. Und dann wird es auch nicht mehr lange dauern, bis der Kampf um Bordeaux beginnt.«

»Vielleicht ist es besser so«, sagte Henriette.

»Wie meinst du das?«

»Vielleicht ist der Krieg dann schnell zu Ende. Dann brauchst du diesen Wahnsinn nicht länger mitzumachen, und die Gewalt und die Unterdrückung haben ein Ende.«

Heinz sah sie unverwandt an und zögerte einen Augenblick, bevor er antwortete. »Vielleicht hast du recht. Vielleicht ist es wirklich besser, wenn wir den Krieg verlieren. Aber bis es so weit ist, wird es noch viele Opfer geben – auch hier in Bordeaux. Das befürchte ich jedenfalls.«

»Viele Opfer in Bordeaux?«

Er sah sie gequält an und musste an den Befehl denken, den er auf der letzten Lagebesprechung erhalten hatte. Er würde die Szene nie vergessen. Der Kommandant, die Karte des Hafens, die metallische Stimme: »Im Falle unseres Rückzuges muss der Hafen gesprengt werden.«

Der Finger des Kommandanten wanderte über die Karte, auf der eine rote Linie die kilometerlangen Kais markierte. Dann drehte er sich herum und fixierte Heinz mit seinen grauen Augen: »Stahlschmidt, Sie sind der Experte fürs Sprengen. Sie werden die Aktion vorbereiten.«

Ein verfluchter Tag war das gewesen, dachte Heinz.

»Was ist los mit dir?«

Er zuckte zusammen. Es war Henriettes Stimme, die ihn aus seinen Gedanken riss. Er starrte sie an. Konnte er sich ihr anvertrauen? Konnte er mit ihr über seinen Auftrag reden? Wie würde sie reagieren? Plötzlich war ihm klar, dass dieser Augenblick alles entscheiden würde.

»Pass auf«, sagte er heiser. »Ich verrate dir jetzt etwas sehr Wichtiges. Und du musst mir versprechen, mit keinem, wirklich mit keinem Menschen darüber zu reden.«

»Ich verspreche es.«

Heinz zögerte noch einmal kurz, dann begann er zu erzählen:

»Der Hafenkommandant Ernst Kühnemann hat befohlen, einen geheimen Sabotageplan auszuarbeiten: Im Fall unseres Rückzugs soll der gesamte Hafen in die Luft gesprengt werden. Auf einer Länge von insgesamt zehn Kilometern soll alle fünfzig Meter eine Sprengbombe gezündet werden, an besonders wichtigen strategischen Punkten 800-Kilo-Bomben. Falls es zur Sprengung kommt, muss damit gerechnet werden, dass nicht nur der Hafen, sondern auch ein großer Teil der Altstadt zerstört wird, denn das meiste davon liegt ja gleich hinter den Kais.«

Henriette blickte ihn entsetzt an.

»Gleichzeitig sollen auch andere Schlüsselstellungen in Bordeaux gesprengt werden«, fuhr er fort, »der berühmte Pont de Pierre sowie die Eisenbahnbrücke von Gustave Eiffel. 3000 Zivilisten werden dabei sterben – mindestens.«

»Das ist absoluter Wahnsinn!«, entfuhr es Henriette. Sie hielt sich die Hand vor den Mund.

»Ja, das ist es. Und weißt du, was das Schlimmste ist? Weil ich der Experte fürs Sprengen bin, habe ich persönlich den Befehl erhalten, die Aktion vorzubereiten. Über 4000 Zünder und Sprengköpfe lagern schon in einem Bunker an der Rue de Raze. Das Datum für die Aktion steht noch nicht fest. Aber wenn es so weitergeht, kann man sich vorstellen, dass der Befehl zur Ausführung des Plans bald kommt.«

Henriette starrte ihn entsetzt an. »Wie soll das gehen? Wie willst du es mit deinem Gewissen vereinbaren, dass 3000 unschuldige Menschen sterben? Das kannst du doch unmöglich machen! Du musst irgendetwas tun, um diesen Plan zu verhindern!«

Heinz schwieg. Sein Gesicht sah plötzlich grau aus und gar nicht mehr so selbstbewusst, wie sie es gewohnt war. »Was soll ich denn tun?«, sagte er leise. »Wenn ich mich weigere, diesen Befehl auszuführen, ist das Hochverrat.«

»Hochverrat? Damit kann ich nichts anfangen!«, rief

Henriette. »Du bist doch kein Verräter, wenn du das Leben von Tausenden Menschen rettest.«

»Doch, natürlich. Wenn ich die Sprengung nicht durchführe, helfe ich dem Feind. Und deutsche Soldaten, die einer feindlichen Macht helfen, sind Hochverräter und werden zum Tode verurteilt. Hochverrat hat beim Militär immer, zu allen Zeiten, als das schlimmste Verbrechen gegolten. Willst du, dass man mich an die Wand stellt?«

»Wie kannst du so etwas denken!«

»Pardon«, sagte er. »Aber du hast recht. Ich weiß ja selbst, dass dieser Befehl wahnsinnig ist, militärisch unsinnig ist er sowieso, am Ausgang des Krieges wird er wahrscheinlich ohnehin nichts ändern.«

Er schloss für einen Moment die Augen, spürte die Sonne im Gesicht, aber auch Henriettes Nähe, und wusste plötzlich, dass er nicht allein war, egal was auch geschah. Nach einer Weile öffnete er die Augen und blickte sie an. »Ich werde etwas tun. Ich weiß zwar nicht wie, aber mir bleibt ja noch etwas Zeit zum Nachdenken.«

Dann umarmten sie sich, und diese Umarmung war wie eine Antwort auf alle seine Fragen und Ängste.

* * *

Heinz stand am Hafenkai. Während er eine Zigarette rauchte, ließ er seinen Blick über die Häuserfassaden der Altstadt schweifen. Helle Wolken wanderten über die Dächer. Sie kamen von Norden, wo jetzt in der Normandie erbittert gekämpft wurde.

Zwei Wochen waren seit dem Beginn der Invasion vergangen. Das Blatt hatte sich endgültig gewendet. Die Wehrmacht verlor zunehmend an Boden, und die Alliierten befanden sich auf dem Vormarsch. Sie waren besser ausgerüstet und besaßen die absolute Lufthoheit. Nach starkem amerikanischen Artilleriebeschuss und heftigen Kämpfen war Cherbourg, eine wichtige strategische Stellung, in ihre Hände gefallen. Und auch die Résistance wurde immer aktiver.

Es ist nur noch eine Frage der Zeit, bis es auch in Bordeaux losgeht, dachte er. Was würde dann aus der Stadt werden? Sie war für ihn so etwas wie seine zweite Heimat geworden. Hier hatte er eine Frau gefunden, von der er zuvor nicht einmal zu träumen gewagt hatte.

Er musste an den Bunker in der Rue de Raze denken, wo die 4000 Zünder und Sprengköpfe lagerten. Was für ein Irrsinn. Wie sollte er es bloß mit seinem Gewissen vereinbaren, einen Befehl auszuführen, der einen großen Teil der Stadt zerstören und viele Menschen das Leben kosten würde?

Er musste etwas tun. Für die Stadt und ihre Menschen. Und für die Frau, die er liebte. Aber wie um alles in der Welt konnte er diesen tödlichen Plan vereiteln?

In diesem Augenblick kam einer der französischen Hafenarbeiter zu ihm herüber. Seit Heinz in Bordeaux stationiert war, stand der Mann unter seinem Kommando. Sein Name war Jean Ducasse. Er war zuverlässig, es hatte nie Schwierigkeiten mit ihm gegeben.

»Zigarette?«, fragte Heinz.

Ducasse nickte. Heinz hielt ihm die Packung hin. Dann steckte er sich ebenfalls eine neue Zigarette an. Eine Zeitlang rauchten sie schweigend. Aus dem Hafen waren nur die Motoren eines Schleppers zu hören, der langsam an den Kais vorbeiglitt. Nichts schien darauf hinzuweisen, dass der Krieg mit jedem Tag näher kam.

Heinz blickte Ducasse an. »Kann ich irgendetwas für dich tun?«

Ducasse nickte. »Ich wollte Sie unter vier Augen sprechen.«

»Irgendwelche Probleme?«

Ducasse blickte sich um, als wolle er sich vergewissern, dass niemand sie beobachtete. Dann sah er Heinz in die Augen. »Ich kenne Sie jetzt schon ein paar Jahre. Sie haben mich immer korrekt behandelt. Sie haben sich nie wie ein Sieger aufgespielt, und ich weiß, dass Sie Bordeaux mögen.«

Er machte eine Pause, und Heinz spürte plötzlich eine eigenartige Kälte im Nacken. Sollte das eine Anspielung auf Henriette sein? Wusste die Résistance von seiner Beziehung zu ihr? War sie in Gefahr? Wollte der Mann ihn warnen?

»Ich habe eine Nachricht für Sie«, murmelte Ducasse.

Na also, da war was. »Hoffentlich eine gute«, erwiderte Heinz.

Das Gesicht des Arbeiters blieb ausdruckslos, aber auf Heinz wirkte es angespannt, so als habe der Mann vor irgendetwas Angst.

»Bevor ich Ihnen sage, um was es geht, möchte ich Sie bitten, dieses Gespräch vertraulich zu behandeln.«

Heinz nickte.

»Kann ich Ihnen wirklich vertrauen?«

»Ich gebe dir mein Ehrenwort.«

Ducasse sah sich erneut um, dann sagte er: »Ich soll Ihnen eine Nachricht der Résistance übermitteln. Man braucht Ihre Hilfe – dringend.«

»Meine Hilfe?«

Ducasse nickte. »Es geht um das Leben vieler Menschen in dieser Stadt. Die Résistance hat von dem geheimen Plan erfahren, demzufolge die Wehrmacht den Hafen sprengen will. Man glaubt, dass man dies nur mit Ihrer Hilfe verhindern kann. Deshalb hat man mich beauftragt, Kontakt mit Ihnen aufzunehmen und Sie um ein Gespräch mit einem Vertreter der Résistance zu bitten.«

»Wie stellst du dir das vor? Ich kann als deutscher Soldat unmöglich Kontakt mit der Résistance aufnehmen! Die Gestapo wird mich am nächsten Baum aufknüpfen.«

Ducasse holte einen Zettel aus der Brusttasche seiner Arbeitsmontur und reichte ihn Heinz. »Hier ist die Adresse.«

Heinz nahm den Zettel und las: Rue Calypso Nr. 58, Bouscat.

»Am besten vernichten Sie den Zettel sofort«, sagte der Arbeiter. Heinz nahm sein Feuerzeug, zündete es an, hielt den Zettel in die Flamme und sah, wie der Wind die brennenden Papierfetzen in die Garonne wirbelte.

»Ihr Kontaktmann heißt William Dupuy, er ist ein pensionierter Schuldirektor«, sprach Ducasse hastig. »Er ist ein wichtiger Verbindungsmann zur Widerstandsgruppe der *Forces Françaises de l'Interieur* im Département Gironde.«

»Sonst noch was?«, fragte Heinz.

Ducasse blickte ihn an. »Werden Sie mich auch wirklich nicht der Gestapo ans Messer liefern?«

»Du hast mein Ehrenwort: Von diesem Gespräch erfährt niemand was, der dir schaden könnte«, sagte Heinz. »Mach dir keine Sorgen.«

Ducasse nickte. Dann lief er eilig davon.

* * *

Sie saßen wieder im Jardin Public. In den Baumwipfeln hatten sich ein paar rötliche Abendwolken gefangen. Einige Kinder spielten auf der Wiese, ihr fröhliches Lachen hallte zu ihnen herüber.

»Was wirst du machen?«, fragte Henriette.

»Ich werde in die Rue Calypso gehen und mir anhören, was die Résistance zu sagen hat.«

Sie blickte ihn an, und er konnte die Angst in ihren Augen sehen.

»Und wenn es eine Falle ist? Auch in der Résistance gibt es Spitzel, die für die Gestapo arbeiten.«

»Das Risiko muss ich eingehen. Du hast doch selbst gesagt, dass ich etwas tun muss.«

»Ja, aber jetzt habe ich entsetzliche Angst. Du darfst dein Leben nicht aufs Spiel setzen. Was soll aus mir werden, wenn dir etwas zustößt?«

»Ich habe mich entschieden. Es muss sein«, entgegnete er fest. Dann legte er seinen Arm um ihre Schultern und zog sie an sich. »Mach dir keine Sorgen, es wird schon nichts schiefgehen.«

Kapitel 10

Schlangengrube

Die Galionsfigur des französischen Widerstandes gegen die deutsche Besatzung war Charles de Gaulle. Mit 100 000 Goldfrancs aus einem geheimen Fonds ausgestattet, war der General am Morgen des 17. Juni 1940 von Bordeaux-Mérignac an Bord eines Flugzeugs nach England geflohen. In London gründete er das Komitee »Freies Frankreich« und wurde Chef der Forces Françaises Libres *(FFL) – der Freien Französischen Streitkräfte – allesamt Widerstandsgruppen, die als Teile der Résistance agierten. Daraufhin wurde er von der Vichy-Regierung wegen Hochverrats zum Tode verurteilt. Über BBC London rief er seine Landsleute zum Widerstand auf, und schon bald wurde die Résistance auch in Bordeaux und im Département Gironde aktiv. Die führende Rolle übernahmen dort die FFI (Forces Français de l'Intérieur) und die* Organisation Civile et Militaire *(OCM).*

Problematisch indes waren die Rivalitäten zwischen den einzelnen Widerstandsgruppen – Brudermord in den eigenen Reihen inbegriffen. Nach der Befreiung von der deutschen Besatzung sprachen einige Widerstandskämpfer von einer »Schlangengrube«, denn auch in der Résistance gab es Verräter und Denunzianten, die als Spitzel für die Gestapo arbeiteten und nicht selten ihre eigenen Landsleute den Deutschen ans Messer lieferten, die über einen straff organisierten Polizeiapparat verfügten – auch in Bordeaux.

Bereits im Sommer 1940 waren zusammen mit der Wehrmacht die ersten SS-Einheiten in der Stadt eingetroffen. Während die militärische Verwaltung der Wehrmacht mehrere Gebäude in der Innenstadt beschlagnahmte und sich dort einquartierte, wurde das Kommando der Sicherheitspolizei und des Sicherheitsdienstes (KDS), zu dem auch die Gestapo gehörte, im exklusiven Château des Tours im Vorort Bouscat, Route du Médoc Nr. 197, untergebracht. Der KDS war für die Sicherheit im Département Gironde zuständig, vor allem für das Aufspüren von Résistance-Kämpfern, die im Marquis im Norden des Médoc untergetaucht waren. Innerhalb kurzer Zeit wurde die KDS-Zentrale zum Symbol des Schreckens. Vor ihren 290 Agenten und Spitzeln der Gestapo, von denen einige sehr gut Französisch sprachen, war in Bordeaux niemand sicher. Nicht zuletzt mit Hilfe lokaler Polizeibehörden und französischer Agenten wurden tagtäglich Menschen verhaftet und anschließend gefoltert. Die schreckliche Bilanz der vierjährigen Besatzungszeit: 564 Bürger wurden erschossen, 3000 wurden deportiert, darunter 774 Résistance-Angehörige sowie 1560 Juden und 223 Kinder. Chef der Gestapo (die Sektion IV des KDS) war Friedrich-Wilhelm Dohse. Hinter der glatten Fassade seines ewigen Lächelns verbarg sich ein unerbittlicher Kämpfer gegen die Résistance. Einer von Dohses engsten Verbündeten war Kommissar Pierre-Napoléon Poinsot, Leiter der politischen Polizei mit 200 Agenten.

Der Gefangene befand sich in einer winzigen Zelle: 1,20 Meter breit, zwei Meter lang, ohne Licht, Bett und Fenster. Der Raum roch schmierig und stickig. Er ahnte, dass es der Geruch von getrocknetem Blut und Urin derjenigen war, die sich vor ihm hier aufgehalten hatten. Ihm war bewusst, dass auch seine Lage hoffnungslos war. Man würde ihn liquidieren wie schon so viele andere vor ihm. Aber der Tod schien ihm in diesem Augenblick weit weniger schlimm als die Torturen, die ihn mutmaßlich erwarteten.

Man hatte ihn am Abend in Saint-Estèphe festgenommen und ohne Umschweife nach Bouscat in die Gestapozentrale gebracht. Ihm war sofort klar gewesen, dass ihn jemand verraten hatte. Auch die Résistance hatte seit geraumer Zeit hier und da einen Judas.

Jeder in Bordeaux wusste, dass André Grandclément, der Kommandant der Résistance-Gruppe OCM, von Dohse »umgedreht« worden war und seither ein doppeltes Spiel trieb. Der Gestapochef hatte Grandclément angeboten, er werde alle inhaftierten Résistance-Kämpfer freilassen, wenn dieser ihm im Gegenzug die Waffenlager der Résistance verrate. Bei diesem Kuhhandel ging es um ein Arsenal von insgesamt 40 Tonnen Waffen, abgeworfen von britischen Flugzeugen.

Gleichzeitig hatte Dohse den anderen rivalisierenden Gruppen der Résistance mit der Erschießung von 100 Geiseln gedroht, falls Grandclément etwas zustoße. Trotz dieser Warnung wurden Grandclément, seine Frau und sein Leibwächter bereits kurze Zeit später von einem Kommando des britischen Geheimdienstes SOE *(Special Operations Executives)* liquidiert, dessen Londoner Zentrale die Résistance mit Waffen und bei Sabotageakten unterstützte.

Verantwortlich für die Tat war der Chef des SOE in der Region Bordeaux, Roger Landes, Deckname »Aristide«. Er hatte Grandclément und seine Begleitung am 27. Juli 1944 in der Nähe der Gemeinde Belin in eine Falle gelockt und alle drei ermorden lassen – woraufhin Dohse die Erschießung von 50 Geiseln anordnete, wohl als Warnung an die Résistance für künftige »Zwischenfälle«.

Allein bei dem Gedanken spürte der Gefangene einen scharfen Stich im Magen. Er konnte sich ausrechnen, dass ihm das Schlimmste noch bevorstand: das Verhör mit Dohse, der in Bordeaux den Ruf einer *bête noire*, einer schwarzen Bestie, hatte. Ein Mann, der schon allein durch seine Größe Respekt einflößte, ja Gefahr suggerierte. Er war erst 31, maß 1,90 Meter, war muskulös, hatte schwarzes Haar und ein glattes Gesicht, das auf den ersten Blick nicht einmal unsympathisch wirkte.

Als Sohn eines Französischlehrers aus Hamburg beherrschte er die Landessprache fast fließend. Er war Nationalsozialist durch und durch: Mitglied der NSDAP seit 1933, hatte er sich bei der Polizei beworben und war, um beruflich schneller vorwärtszukommen, zunächst der SA, dann der SS beigetreten.

In der Gestapo machte er sich vor allem als Vernehmungsspezialist einen Namen. Seine Methode war berüchtigt, und ihm eilte der Ruf voraus, dass er noch jeden Gefangenen mit Psychoterror zum Sprechen gebracht hatte. Nachdem er eine Zeitlang in Dänemark und Paris im Einsatz gewesen war, hatte er 1942 seinen Dienst in Bordeaux angetreten. Obwohl er Untersturmführer der SS war, trug er fast nie eine Uniform. In Gesellschaft seiner Freunde und Mitarbeiter trat er als »guter Kamerad« auf und liebte es, mit ihnen Feste zu feiern.

Der Gefangene wusste nicht, wie lange er sich bereits in der Zelle befand. Er hatte versucht zu schlafen. Aber er musste ständig daran denken, dass die Gestapoleute unweigerlich irgendwann kommen würden, um ihn zum Verhör zu führen.

* * *

Es war Punkt acht Uhr, als Dohse die Gestapozentrale im Château des Tours betrat. In seinem Büro wartete bereits seine Sekretärin auf ihn. Sie trug eine Hornbrille und hielt einen Ordner mit den Meldungen der letzten Nacht in der Hand.

Er nahm an seinem Schreibtisch Platz und blickte seine Mitarbeiterin an. »Morgen, Maria. Irgendwelche besonderen Vorkommnisse?«

»Es gab eine Festnahme in der letzten Nacht.«

»Schön«, sagte Dohse. »Wer ist es?«

»Ein Résistant aus Saint-Estèphe.«

»Ein wichtiger Mann?«

»Möglich. Aber bisher stand er nicht auf unserer Fahndungsliste. Wir haben erst in den letzten Tagen einen vertraulichen Tipp bekommen, der uns auf seine Spur gebracht hat. Er soll einer der Gründer des Maquis* im Médoc sein.

---

* französische Partisanen der Résistance

In seiner Wohnung wurde ein englischer Revolver sichergestellt.«

»Interessant«, sagte Dohse. »Wo befindet sich der Mann im Augenblick?«

»Im Kellergeschoss.«

Dohse schmunzelte. »Ich werde ihn mir später vorknöpfen. Sonst noch etwas?«

»Im Augenblick nicht.«

»Gute Arbeit«, sagte Dohse anerkennend. Die Sekretärin lächelte und verließ den Raum.

Dohse stand auf und öffnete das Fenster, das zum Hof hinausführte. Frische Luft drang in den Raum, eine willkommene Abwechslung zum muffigen Geruch alter Akten in den ungelüfteten Büros der Gestapozentrale, und ihm ging durch den Kopf, was für ein ungewöhnlich ruhiger Standort Bordeaux doch war. Die antideutschen Aktionen beschränkten sich in der Regel auf Flugblätter, handgeschrieben oder mit der Maschine getippt, die dazu aufriefen, de Gaulles »Radio London« zu hören; ansonsten besaß die Résistance kaum noch Schlagkraft – was ihm nur recht sein konnte.

In diesem Augenblick klopfte es an der Tür. Seine Sekretärin erschien erneut.

»Kommissar Poinsot möchte Sie sprechen.«

Dohse nickte. »Er soll hereinkommen.«

Der Kommissar betrat den Raum. Er war klein, hatte ein rundes Gesicht und schwarzes Haar, das ölig glänzte, fast wie Teer. Dohse stand auf, ging ihm entgegen und gab ihm die Hand. »Bonjour, Napoléon. Nett, dass du mal wieder vorbeischaust. Fühl dich wie zu Hause.«

Er bot ihm einen Stuhl an, ging zu seinem Schreibtisch, holte eine kleine Holzkiste, kam zurück und öffnete sie. »Zigarre?«

»Danke.« Poinsot nahm eine Zigarre aus der Kiste und steckte sie in die Brusttasche seiner Jacke.

Dohse blickte ihn fragend an. »Weshalb bist du gekommen?«

Poinsot fuhr sich mit der Hand übers Haar. »Ich habe etwas herausgefunden, das dich wahrscheinlich interessieren wird.«

»Und zwar?«

»Ein Feldwebel der Kriegsmarine trifft sich heimlich mit einer jungen Französin.«

Dohse lächelte. Poinsot blickte ihn einen Moment verunsichert an. »Friedrich, du denkst hoffentlich nicht von mir, dass ich einen deutschen Soldaten verunglimpfen will. Aber man kann ja nicht ausschließen, dass seine Freundin eine Agentin ist, die von der Résistance zur Nachrichtenbeschaffung auf ihn angesetzt wurde. Außerdem verhält sich dieser Soldat auch sonst sehr auffällig.«

»Was verstehst du unter auffällig?«

»Er sympathisiert ostentativ mit seinen französischen Untergebenen.«

Dohse sah Poinsot interessiert an. »Wer ist der Mann?«

»Heinz Stahlschmidt, Oberfeldwebel der Kriegsmarine.«

Dohse nahm es äußerlich gelassen zur Kenntnis. Nachdem Poinsot gegangen war, rief er seine Sekretärin zu sich.

»Maria, ich möchte, dass Sie eine neue Personenakte anlegen.«

Sie zückte einen Schreibblock. »Name?«

»Heinz Stahlschmidt. Oberfeldwebel der Kriegsmarine.«

Die Sekretärin blickte ihn neugierig an. »Was ist passiert?«

»Der Mann scheint sich für etwas Besonderes zu halten. Statt ins Wehrmachtsbordell zu gehen, poussiert er in seiner Freizeit mit einer Französin und kümmert sich einen Dreck um die hygienischen Ansprüche der Wehrmacht. Ihm scheint nicht bekannt zu sein, dass der Geschlechtsverkehr mit gesundheitlich nicht überprüftem weiblichem Personal außerhalb der kontrollierten Bordelle verboten ist. Das kann zur Ausbreitung von Geschlechtskrankheiten und damit zur gesundheitlichen Schädigung unserer Soldaten führen und untergräbt die Disziplin der Truppe und deren Autorität gegenüber der französischen Bevölkerung. Besorgen Sie mir alle persönlichen Daten über Stahlschmidt: militärischer Werdegang, Beurteilungen et cetera. Außerdem interessiert mich die Vita seiner französischen Freundin. Es kann nicht ausgeschlossen werden, dass es sich um eine Agentin der Résistance handelt. Sie sollte aus Sicherheitsgründen beschattet werden. Falls es eine gewöhnliche Prostituierte ist: festnehmen und zur medizinischen Untersuchung dem Sanitätsdienst zuführen.«

Die Sekretärin nickte.

Dohse zwinkerte ihr zu. »So, Maria, und jetzt können Sie den Résistant aus dem Keller holen lassen.«

* * *

Wenige Minuten später hörte der Gefangene Schritte, die sich seinem Verlies näherten. Als sich die Tür öffnete, war er sekundenlang vom hereinflutenden Licht geblendet. Dann erst sah er zwei uniformierte Gestapoleute.

»Los, beweg dich!«, befahl einer der Männer.

Der Gefangene stand auf. Die Männer eskortierten ihn in einen Raum in der ersten Etage, wo er bereits erwartet wurde.

Dohse saß hinter seinem Schreibtisch. Vor ihm lag der Revolver, den die Gestapoleute bei der Festnahme des Gefangenen sichergestellt hatten. Daneben stand eine Flasche Champagner mit zwei Gläsern.

Dohse lächelte den Gefangenen an. »*C'est la belle vie, ici à Bordeaux. Du champagne tous les jours!*« – »Ein wunderbares Leben hier in Bordeaux – jeden Tag Champagner!«

Der Gefangene starrte auf die Flasche. Dabei fiel sein gehetzter Blick auch auf die beiden gekreuzten Büffelpeitschen, die im Hintergrund über einem offenen Kamin als Dekoration hingen.

Dohse füllte die Gläser und drückte dem Résistant eines in die Hand. Es war so kalt, dass die Finger beinahe daran festzukleben schienen. Der Gefangene sah, dass Dohse noch immer lächelte, es war fast wie das Lächeln eines Kindes, dem es Vergnügen bereitet, einer Puppe den Arm zu verdrehen.

In diesem Augenblick wusste er endgültig, dass für das Verhör, das in wenigen Sekunden beginnen würde, keine normalen Regeln gelten würden. Er wünschte sich, er hätte eine Giftkapsel – er würde sie nehmen. Es war besser, schnell zu sterben, als diesem Gesetzlosen ausgeliefert zu sein.

Dohse hob sein Glas. »Auf die Helden der Résistance!« Er leerte es in einem Zug. Dann nahm er den Revolver in die Hand. »Ein englisches Modell. Woher hast du diese Waffe?«

Der Gefangene schwieg und umklammerte das Champagnerglas.

»Du kannst dir doch denken, dass dich jemand aus deiner Gruppe verpfiffen hat«, sagte Dohse. »Deine Freunde haben uns alles erzählt. Das sollte dir zu denken geben. Wir wissen, dass die Engländer die Résistance im Médoc aus der Luft mit Waffen versorgen. Es ist besser, wenn du redest. Dann ersparst du dir eine Menge Unannehmlichkeiten und uns mühsame Arbeit. Du bekommst ein paar Jahre Arbeitslager, wo du lernen wirst, wie sich ein richtiger Nationalsozialist verhält, und danach kommst du wieder frei.«

Der Gefangene erwiderte nichts.

»Warum willst du unbedingt den Helden spielen?«, fragte Dohse. Er setzte sich auf seinen Schreibtisch und füllte sein Glas erneut mit Champagner. »Wenn du mir nicht sagst, wo sich die Lager befinden, tja, dann muss ich dich leider liquidieren.«

Der Gefangene sagte noch immer nichts. Nur die Barthaare an seinem Hals bewegten sich beim Atmen.

»Du scheinst offenbar immer noch nicht begriffen zu haben, dass dies hier keine Champagnerparty ist«, raunte Dohse und gab seinen Männern einen Wink.

Einer der Gestapoleute ging an den Kamin und griff sich eine Büffelpeitsche. Die beiden anderen zogen den Gefangenen bis zur Taille aus.

* * *

Der Gefangene horchte immer noch auf das pfeifende Geräusch der Peitschenschläge, die auf ihn niedergingen. Doch alles um ihn war still. Erst langsam wurde ihm bewusst, dass er sich wieder in der Zelle befand und in einer Lache aus Blut, Urin und Erbrochenem lag.

Langsam lichtete sich der Nebel in seinem Kopf, schattenhaft wie ein grauer Film kam die Erinnerung an die letzte Stunde zurück. Da war wieder dieses lächelnde Gesicht hinter dem Schreibtisch, die Flasche Champagner, die beiden Gläser. Und dieses hundsgemeine Gesicht des Gestapochefs, der freundlich sagte. »*C'est la belle vie, ici à Bordeaux …*«

Um den Gefangenen zum Sprechen zu bringen, hatten ihn die Gestapoleute zuerst mit der Peitsche geschlagen. Aber er hatte kein Wort gesagt. Das hatte sie nur noch wütender gemacht, so dass sie ihn mit Faustschlägen und Fußtritten traktiert hatten, bis er das Bewusstsein verlor. Er war erst wieder zu sich gekommen, als sie versuchten, ihm Champagner einzuflößen. Er hatte Blut gespuckt; ihm fehlten mehrere Zähne.

Dann hatten sie ihn auf einen Stuhl gesetzt, und einer der Gestapomänner hatte ihm einen Revolver an die Stirn gedrückt und gedroht, ihn auf der Stelle zu erschießen. Er hatte die Augen geschlossen und sekundenlang das Gefühl gehabt, als müsse er sich festhalten, um nicht wegzufliegen. Aber der Donner blieb aus. Sein Kopf explodierte nicht. Es war nichts geschehen. Dann hatte man ihn in die Zelle zurückgebracht.

* * *

Am nächsten Morgen schwang sich Heinz um halb neun auf sein Fahrrad und fuhr zur Rue Calypso. Die Straße lag im noblen Vorort Bouscat. Als er das Haus Nr. 58 erreichte, sah er, dass es sich um ein typisches Bordelaiser Bürgerhaus handelte. Jetzt allerdings gehörte er zu den wenigen, die wussten, dass sich hinter der alten Fassade ein Geheimnis verbarg, eine Widerstandszelle der Résistance. Ein paar bange Sekunden lang schoss ihm der Gedanke durch den Kopf, was mit ihm passieren würde, wenn die Gestapo ihm auf der Spur war. Wenn man ihn hier erwischte, war sein Leben keinen Centime mehr wert.

Er observierte eine Zeitlang die Straße, um sicherzugehen, dass ihm niemand gefolgt war. Aber es war niemand zu sehen, der sich irgendwie verdächtig benahm, auch keine Wehrmachtsstreife, keine genagelten Stiefel waren auf dem

Pflaster zu hören. Er atmete tief durch, dann klopfte er an der Eingangstür.

Er wurde offenbar bereits erwartet. Ein älterer Mann öffnete und warf kurz einen angstvollen Blick auf die Straße. »Sind Sie sicher, dass Ihnen niemand gefolgt ist?«

»Absolut sicher.«

»Kommen Sie herein.«

Er schloss die Tür und führte Heinz in den Salon.

»Ich heiße Dupuy«, sagte der Mann. »Bitte, nehmen Sie Platz.«

Die Männer taxierten sich vorsichtig. Heinz konnte sich gut vorstellen, was Dupuy in diesem Augenblick durch den Kopf ging: Konnte er wirklich sicher sein, dass der deutsche Oberfeldwebel kein falsches Spiel trieb und nicht etwa im Auftrag der Gestapo, der schon so viele Maquisards in die Hände gefallen waren, gekommen war?

Heinz ging es nicht anders. Unschöne Gedanken schossen ihm durch den Kopf: Wer garantiert mir, dass Dupuy kein falsches Spiel treibt? Kann ich ihm trauen?

Aber wem konnte man in dieser Zeit überhaupt vertrauen? Eigentlich kannte Heinz in ganz Bordeaux nur einen Menschen, bei dem er sich in diesem Punkt völlig sicher war: Henriette.

Für ein paar Sekunden war es still im Zimmer. Dann ergriff Dupuy mit leiser Stimme das Wort:

»Wir haben erfahren, dass die Wehrmacht im Falle ihres Abzugs den Hafen von Bordeaux sprengen will. Sie wissen: Wenn dieser Wahnsinnsbefehl nicht verhindert wird, werden nicht nur die Hafenanlagen, sondern auch große Teile der Altstadt in ein Trümmerfeld verwandelt. Und es werden viele unschuldige Menschen sterben. Sie wissen auch, dass dieser Befehl am Ausgang des Krieges nichts mehr ändern wird. Es wäre ein Verbrechen gegen die Menschlichkeit. Deshalb bitte ich Sie, uns zu helfen.«

»Wie soll ich Ihnen helfen?«

»Wir haben erfahren, dass die Zünder und die Sprengköpfe in einem Bunker in der Rue de Raze gelagert sind. Man müsste diesen Bunker in die Luft jagen, dann könnte die Sprengung des Hafens mangels Munition nicht durchgeführt werden.«

»Und warum jagen Sie diesen verdammten Bunker nicht einfach selbst in die Luft?«

»Ohne Hilfe geht das nicht. Man hat mir berichtet, dass Sie ein exzellenter Feuerwerker sind. Sie könnten die Zünder legen und uns den Sprengplan und einen Nachschlüssel besorgen. Wir schicken dann einen Mann, der den Rest besorgt.«

Heinz beugte sich vor. »Ist Ihnen eigentlich klar, was Sie da von mir verlangen?«

»Wenn Sie es nicht tun, wird Bordeaux brennen. Es wird ein Desaster geben.«

Heinz erwiderte nichts, aber ihm wurde in diesem Augenblick bewusst, dass er sich schon sehr weit vorgewagt hatte. Konnte er überhaupt noch zurück?

Dupuy sah ihn forschend an. »Und? Werden Sie uns helfen?«

Nach ein paar weiteren Sekunden Bedenkzeit nickte Heinz. »In Ordnung. Ich werde Ihnen den Sprengplan besorgen und auch den Schlüssel. Dann können Sie von einem Schlosser ein Duplikat herstellen lassen. Aber den Rest müssen Ihre Leute selbst erledigen.«

* * *

»Hier ist die Akte Stahlschmidt«, sagte die Sekretärin.

Dohse nahm den Ordner entgegen. »Was haben die Ermittlungen ergeben?«

»Ein Oberfeldwebel über dem Durchschnitt. Geradezu die Idealbesetzung für einen Werbefilm der Wehrmacht. Prototyp des anständigen deutschen Unteroffiziers. Adrett, fester Blick, knappe präzise Sprache. Verwundetenabzeichen und EK 2. Beste Beurteilungen. Ehrgeizig, leistungsbereit, couragiert. Tadellose Führung. Zuverlässige nationalsozialistische Haltung. Persönlich gerade und saubere Lebensführung.«

Dohse nickte. »Militärischer Werdegang?«

»Mit 20 freiwillig zur Marine. 1939 militärische Ausbildung in Wesermünde. Am 9. April 1940 an Bord der *Blücher*. Im Oslofjord versenkt. Danach noch zweimal vor der dänischen Küste dem Tod knapp entronnen. Einmal auf einem Küstenwachboot, das andere Mal auf einem Truppentransporter – beide untergegangen. Brandwunden und mehrere Stunden in eisigem Wasser verbracht. Im Lazarett kuriert, danach aber nicht mehr schiffstauglich. Seit Frühjahr 1941 beim Marinesperrwaffenkommando in Bordeaux. Als Waffen-Feldwebel Experte fürs Sprengen und Entschärfen von Minen. Exzellenter Feuerwerker. Verantwortlich für die Hangars A, B, C, D, die als Waffenlager dienen. Außerdem führt er das Kommando über die französischen Docker, die dort arbeiten.«

Dohse pfiff durch die Zähne. »Scheint ein harter Hund zu sein. Was ist über seine privaten Kontakte bekannt?«

»Verkehrt häufig im *L'Ancre d'or* am Quai de Queyries, seiner Stammkneipe. Trinkt gerne Rotwein, so wie die Leute hier auch, raucht schwarze Zigaretten und liest *La Petite Gironde*, die Lokalzeitung. Im *L'Ancre d'or* hat man ihm deshalb den Spitznamen *Le petit Français* verpasst, weil er sich besser in der Landessprache verständigen kann als seine Kameraden. In der Marine hat er keine engen Freunde, dafür pflegt er umso mehr Kontakt zur französischen Bevölkerung. Seine Vorgesetzten finden, dass er sich zu tolerant verhält.«

»Interessant«, sagte Dohse. »Was ist mit seiner französischen Freundin?«

Die Sekretärin lächelte ihn amüsiert an. »Keine Mata Hari. Auch keine registrierte Prostituierte. Einfach ein Mädchen aus Bordeaux. Arbeitet in einer Weinhandlung. Keine Hinweise auf Résistance-Kontakte.«

»Sonstige Erkenntnisse?«

»Stahlschmidt leitet im Hafen auch eine Gruppe französischer Arbeiter, die für Wartungsarbeiten gebraucht werden. Zu einem der Arbeiter scheint er engere Kontakte zu pflegen. Sein Name ist Jean Ducasse. Bisher aber nicht negativ aufgefallen.«

Dohse nickte. »Klingt alles ziemlich unverdächtig. Aber ich kann mich des Eindrucks nicht erwehren, dass unser kleiner Franzose eine außergewöhnliche Vorliebe für Bordeaux zu entwickeln scheint. Kommt mir alles etwas spanisch vor. Denke, wir sollten ihn beschatten lassen.«

* * *

Sie waren am frühen Morgen von Bordeaux mit dem Motorrad zum Becken von Arcachon gefahren und hatten im Bootshafen von Arès einen Fischer angeheuert, der sich bereit erklärte, sie mit einer Pinasse zur Banc d'Arguin zu bringen.

Henriette saß neben Heinz, und ihr Haar flog im Wind,

während das Boot durch die blaue Lagune glitt, deren Licht sich mit dem leuchtenden Gelb einer Sanddüne mischte, die sich wie eine riesige Welle am Horizont auftürmte. Blau und Gelb – es waren diese Farben, die Heinz faszinierten. Das Blau der Lagune, das Gelb der Sanddüne und darüber das hellere Blau des Himmels.

»Eine phantastische Gegend«, sagte er.

Henriette lächelte ihn an. »Das Becken von Arcachon ist berühmt für sein Licht und hat schon viele Maler angezogen, die es einfangen wollten.«

Das Boot glitt jetzt vorbei an den berühmten *cabanes tschanquées*, Watthütten, die auf Stelzen im Wasser standen; vorbei an der Île aux Oiseaux, dem Rastplatz für zahlreiche Zugvögel; vorbei an der Halbinsel Cap Ferret mit ihren Villen, dem Leuchtturm und den berühmten Häuschen der Austernfischer mit den davorliegenden Austernparks; und vorbei an den luxuriösen Fassaden des Seebades Arcachon, seit beinahe 100 Jahren Anziehungspunkt für Besucher aus nah und fern – von russischen Herzögen über den spanischen Hof bis hin zu etlichen Künstlern.

Nach rund einer halben Stunde näherten sie sich der Banc d'Arguin. Die Sandbank lag wie eine goldene Brosche in der blauen Lagune, dahinter die blonde Sandwelle der Dune du Pilat, mit 104 Metern die höchste Düne Europas.

»Unglaublich«, sagte Heinz.

»Ja. Wir nennen sie die Königin der Dünen«, erklärte Henriette. »Sie existiert seit über 200 Jahren. Der Westwind trägt jedes Jahr immer mehr Sand von den vorgelagerten Sandbänken auf die Küste. Um diese Entwicklung zu stoppen, haben die Menschen als Schutz einen Wald gepflanzt. Der Sand konnte nicht mehr ins Landesinnere geweht werden und bildet seitdem die Dune du Pilat.«

Das Boot hatte jetzt die Insel erreicht und glitt auf den Strand zu.

»Wie lange wollen Sie bleiben?«, fragte der Fischer. Er trug eine Baskenmütze und ein blaues verwaschenes Hemd.

»Wir picknicken und kommen dann zurück«, sagte Henriette.

Sie nahm den Korb mit den frischen Austern, der Flasche Weißwein und dem Brot, schwang die Beine über die Bordwand und sprang ins knietiefe Wasser. Heinz folgte ihr. Sie gingen über den Strand und konnten das salzige Aroma der Lagune riechen. Der Himmel über ihnen war blau. Nur ein paar Wolken schwebten darin.

Sie setzten sich in den warmen Sand. Henriette nahm eine Serviette aus dem Korb, breitete sie wie ein Tischtuch auf dem Strand aus und deponierte darauf die Austern, das Brot und die Crépinettes, kleine Hackfleischbällchen. Sie reichte Heinz die Weinflasche. »Mach du sie auf. Ich kümmere mich um die Austern.«

Während er die Flasche entkorkte, sah er, wie sie mit einem speziellen Messer geschickt eine Auster öffnete.

»Magst du überhaupt Austern?«, fragte sie.

»Ehrlich gesagt, ich habe noch nie welche gegessen.«

»Sie kommen frisch aus dem Meer und schmecken wirklich gut.«

Sie löste die Auster mit dem Messer von der Innenschale, träufelte etwas Zitronensaft darüber und reichte sie ihm. Während er die Auster aß, blickte sie ihn erwartungsvoll an.

»*C'est bon?*«

Er verzog das Gesicht zu einer Grimasse. »Etwas gewöhnungsbedürftig. Schmeckt nach Meerwasser.«

Sie lachte amüsiert. »Nimm einen Schluck Wein und iss eine Crépinette dazu. Das passt gut zu den Austern.«

Sie schenkte ihm ein Glas ein und gab ihm eins der Hackfleischbällchen. Heinz nahm einen Schluck. Dann sagte er: »Es ist kaum zu glauben. Aber das Leben hier scheint einen ganz anderen Pulsschlag zu haben. Woanders tobt der Krieg, und hier ist es wie im Paradies. Wie lange noch?«

Die Sonne fiel auf Henriettes Gesicht, und sie warf ihm einen sanften, zärtlichen Blick zu. »Lass uns jetzt nicht daran denken. Lass uns einfach nur diesen Augenblick genießen.«

»Du bist sehr schön«, sagte er.

»Findest du?«

»Ja, aber ich meine nicht schön im klassischen Sinn, schön wie eine klassische Statue oder ein perfektes Bild. Du bist ganz anders. Schön wie die Lagune hier und die Düne.«

Er zog sie an sich. Dann streckten sie sich im warmen Sand aus, und ihr Atem vermischte sich mit dem Salzgeschmack des Meeres. Als Heinz wieder die Augen öffnete, sah er, dass Henriette sich über ihn beugte und ihn anblickte.

»Du bist kurz eingeschlafen«, sagte sie. »Es sah aus, als seist du weit fort gewesen.«

»Ja, ich habe über die Zukunft nachgedacht. Ich habe mich gefragt, ob ich nach dem Krieg bei dir bleiben kann, ob wir eines Tages Kinder und ein Haus haben werden.«

»Glaubst du, dass das möglich ist?«

»Ja, ich will es jedenfalls glauben. Und du?«

Sie lächelte. »Ich stelle es mir sehr schön vor.«

* * *

Eine Woche später kehrte Heinz in die Rue Calypso zurück. Ducasse hatte ihm berichtet, dass es Probleme gäbe und Dupuy ihn unbedingt sprechen müsse. Es war windig, zerfaserte Wolken trieben über den Himmel. Heinz klopfte an die Eingangstür des Hauses Nr. 58.

Dupuy erwartete ihn bereits. »Gut, dass Sie kommen.«

»Man hat mir gesagt, dass es Probleme gibt«, sagte Heinz.

Dupuy nickte. »Cofino, ein ehemaliger Legionär, sollte die Aktion durchführen. Wir haben ihm 100 000 Franc geboten.«

»Eine stolze Summe«, sagte Heinz.

»Aber offenbar nicht genug. Cofino ist abgesprungen, er hat seine Zusage zurückgezogen. Wir können keinen Ersatzmann finden.«

Heinz saß aufrecht, die Arme ineinander verschränkt, und blickte Dupuy schweigend an. Wie war es möglich, dass in den Reihen der Résistance kein einziger Freiwilliger bereit war, das Leben Tausender zu retten? Gab es da keine mutigen Leute? Bestand dieser Haufen französischer Widerstandskämpfer etwa mehrheitlich aus Drückebergern und Feiglingen? Er konnte es nicht glauben.

Eine Weile herrschte eine schwere, bedrückende Stille zwischen ihnen. Dann räusperte sich Dupuy.

»In diesen Zeiten ist es nicht so einfach, einen Mann zu finden, der wahre Courage besitzt. Die Leute haben Angst. Diese Angst beruht auf Misstrauen. Die Widerstandsbewegung ist geschwächt und befindet sich in einem desolaten Zustand. Die Streitigkeiten zwischen den verschiedenen Gruppen gehen bis hin zum Verrat. Manche befürchten hinter diesem Plan eine Falle der Gestapo. Sie müssen das verstehen.«

»Ich verstehe Sie sehr gut«, erwiderte Heinz. »Sie wollen, dass ich die Kastanien für die Résistance aus dem Feuer hole, oder?«

Dupuy blickte ihn verlegen an.

»Ich habe jetzt schon erhebliche Risiken auf mich genommen«, sagte Heinz. »Meine Dienststelle schläft nicht. Man sieht es nicht besonders gern, dass ich mit Franzosen Kontakt habe. Dieses Doppelspiel geht schon eine Weile und ist extrem zermürbend. Ich hänge schließlich auch an meinem Leben.«

»Das verstehe ich«, sagte Dupuy.

Heinz musterte ihn. »Es bleibt bei unserer Abmachung. Ich bereite alles vor. Ich gebe Ihnen den Plan. Aber die Sprengung des Bunkers müssen Ihre Leute durchführen. Ich werde mit meiner Truppe abziehen. Doch wenn der Krieg vorbei ist und wieder Frieden herrscht, möchte ich nach Bordeaux zurückkehren.«

»Wir alle hoffen, dass der Krieg bald vorbei ist und dass wir dann in Frieden zusammenleben können«, sagte Dupuy. »Aber wollen Sie in ein zerstörtes Bordeaux zurückkehren? Sie sind der Einzige, der diese Stadt noch retten kann.«

Heinz atmete tief durch. »Sie verlangen also allen Ernstes von mir, dass ich das Munitionsdepot in die Luft jage. Sie wissen schon, dass ich danach nicht mehr nach Deutschland zurückkehren kann. Denn anschließend werde ich als Verräter und Deserteur von der Gestapo gejagt. Man wird überall nach mir fahnden, um mich hinzurichten.«

»Ich weiß, dass es ein Himmelfahrtskommando ist«, sagte Dupuy. »Aber ich garantiere Ihnen, dass die Résistance Sie schützen wird.«

Heinz erwiderte nichts.

»Ich werde Sie die erste Nacht in meinem Haus verstecken«, erklärte Dupuy weiter. »Am nächsten Morgen wird sie André Moga abholen.«

»Wer ist dieser Moga?«

»Ein beliebter Rugbyspieler. Er wird für Ihre Sicherheit garantieren.«

»Ein Rugbyspieler?«

»Keine Sorge«, sagte Dupuy. »Sie können diesem Mann absolut vertrauen. Er ist der Sohn einer sehr beliebten und geachteten Familie in Bordeaux. Als die Stadt besetzt wurde, engagierten sich die Mogas schon früh in der Widerstandsbewegung und stellten sich als Leibwächter für den Résistance-General Chaban-Delmas zur Verfügung. Die Familienmetzgerei auf dem Cours de l'Yser ist eine Zweigstelle der FFI.«

»Wer ist die FFI?«, fragte Heinz.

»Die *Forces françaises de l'interieur* – die Gruppe gehört zur Résistance. Moga hat sich auf die Herstellung von falschen Papieren spezialisiert, in dieser Zeit absolut lebensnotwendig. Er wird Sie so lange verstecken, bis die deutschen Truppen Bordeaux verlassen haben und keine Gefahr mehr für Ihr Leben besteht. Wenn Sie wollen, können Sie nach dem Krieg hierbleiben und unter anderem Namen ein neues Leben beginnen. Wir helfen Ihnen dabei.«

Heinz starrte Dupuy an. »Trotzdem, ich brauche Bedenkzeit.«

Sein Gegenüber nickte. »Natürlich. Ich bin überzeugt, Sie werden das Richtige tun. Die Bürger von Bordeaux werden Ihnen dafür ewig dankbar sein.«

»Wie können Sie das wissen?«

»Ich glaube, dass Sie ein Mann mit Zivilcourage sind«, sagte Dupuy. »Das Schicksal von Bordeaux liegt jetzt in Ihren Händen.« Er begleitete Heinz zur Tür und drückte ihm zum Abschied die Hand. »*Bonne Chance!*« – »Viel Glück!«

Heinz setzte die Schirmmütze auf und schwang sich auf sein Fahrrad. Auf einem der Balkone über ihm hängte eine

Frau Wäsche auf. Ein friedliches Bild. Aber er wusste, dieser Frieden war trügerisch. Der verdammte Krieg rückte immer näher. Vielleicht erlebten sie gerade die letzten Tage von Bordeaux.

Während er Richtung Hafen radelte, fiel ihm wieder Dupuys Satz ein: »Sie werden schon das Richtige tun.« Aber was war in dieser Situation das Richtige? »*Bonne Chance*« hatte Dupuy ihm gewünscht.

Glück – ja, das brauchte er jetzt wirklich.

* * *

»Was macht unser kleiner Franzose?«, fragte Dohse.

»Sein französischer Freundeskreis scheint größer zu sein, als wir bislang dachten«, erklärte seine Sekretärin. »Die Ermittlungen haben ergeben, dass er auch in Kontakt mit einem pensionierten Schuldirektor steht. Der Mann heißt Dupuy und wohnt in der Rue Calypso. Sie haben sich dort gestern Morgen getroffen.«

In Dohses Gesicht zuckte es. »Ist bekannt, woher sich die beiden kennen?«

»Bisher nicht.«

»Wer ist dieser Dupuy?«

»Offenbar ein harmloser Rentner.«

»Zum Teufel, das will nichts heißen! Wer weiß, vielleicht spielt er nur den harmlosen Rentner. Könnte eine perfekte Tarnung sein. Ich habe schon zu viele Wölfe im Schafspelz erlebt. Ich will, dass unsere Fahnder den Mann auf Herz und Nieren prüfen. Sollte er irgendeinen schwarzen Fleck auf der weißen Weste haben, werden unsere Leute es herausfinden.«

Die Sekretärin nickte. »Sollen sie sich auch Stahlschmidts französische Freundin vorknöpfen?«

Dohse grinste. »Überlassen Sie das mir.«
Seine Sekretärin lächelte zurück. »Jawohl, Chef.«

* * *

Es herrschte glühende Hitze, als Henriette und ihre Mutter sich ein paar Tage später auf den Weg zum Bahnhof Saint Jean machten. Sie trug einen Rucksack mit mehreren Flaschen Wasser, ihre Mutter eine Einkaufstasche mit Brot. Als die beiden ihr Ziel erreichten, sahen sie, dass sich dort bereits viele Menschen versammelt hatten. Das Gelände war weiträumig abgeriegelt und wurde von Feldgendarmen der Wehrmacht bewacht.

Die Menge starrte fassungslos auf einen Zug, der in der brennenden Sonne auf einem Abstellgleis stand. Eine lange Reihe von Viehwaggons. Doch jeder wusste inzwischen, dass hier kein Vieh transportiert wurde, sondern Menschen, zusammengepfercht auf engstem Raum – Todgeweihte, ihren Peinigern hoffnungslos ausgeliefert auf dem Weg in die Lager.

Obwohl die Alliierten in der Normandie und auch an der Mittelmeerküste gelandet waren und die Résistance den Nachschub der Besatzer sabotierte, lief die Internierungs- und Vernichtungsmaschinerie der Nazis weiter. Immer noch rollten Deportationszüge in die Konzentrationslager. Sie wurden von der Vichy-Regierung zusammengestellt und von französischen Bahnbeamten begleitet. Der Zug, der jetzt in Bordeaux stand, war einer der letzten, sein Ziel das Konzentrationslager Dachau.

Der Zug war Anfang Juli aus Toulouse gekommen. Dort hatte man Gefangene aus dem Lager Le Vernet und dem Gefängnis Saint-Michel zusammengetrieben. Aus Le Vernet kamen Krüppel und Greise, meist ehemalige Spanienkämpfer, die man wegen Arbeitsunfähigkeit nicht zur Zwangsarbeit heranziehen konnte und die nun nach Deutschland gebracht werden sollten. Aus Saint-Michel kamen Kämpfer der Résistance, die fast alle zum intellektuellen Widerstand gehörten oder die aktive Elite der Bewegung repräsentierten. Darunter waren auch 300 Angehörige einer Untergrundgruppe mit Juden aus ganz Europa. Zusammengewürfelt aus verschiedenen Ländern, hatten sie gegen die Vichy-Regierung und die deutschen Besatzer gekämpft. In einem weiteren Viehwaggon befanden sich, mehr tot als lebendig, etwa 60 Frauen. Die Menschen waren alle ohne Wasser und ohne Nahrung, es gab keinerlei Toiletten, und in den Waggons war es so eng, dass die meisten der Gefangenen stehend ausharren mussten. Der Himmel war nur durch eine winzige Luke im Dach zu sehen; die sengende Hitze machte die Luft unerträglich stickig.

Der Kommandeur des Transports – seine Leute nannten ihn »Schuster« – hatte den Zug durch Westfrankreich über Bordeaux und Paris nach Deutschland schleusen wollen. In zwei Abteilwagen reisten deutsche Feldgendarmen und SS-Männer mit; von einem Flachwagen aus wurde der Konvoi mit Scheinwerfern und Maschinengewehren überwacht. Hinter Bordeaux war der Zug von britischen Kampfflugzeugen beschossen worden, deren Piloten ihn für einen feindlichen Waffentransport hielten – obwohl die Deportierten verzweifelt Kleidungsstücke in den Farben der französischen Trikolore in den Dachluken schwenkten, um auf sich aufmerksam zu machen. Es gab Tote und Verletzte. Da aufgerissene Schienen die Weiterfahrt behinderten, hatte der Kommandant angeordnet, nach Bordeaux zurückzufahren. Hier durften die Häftlinge zum ersten Mal aussteigen. Drei versuchten zu fliehen, wurden aber wieder eingefangen und vor einer Mauer am Bahnhof erschossen. Die anderen wurden mitten in der Nacht in Kolonnen durch die Stadt geführt: die Männer zur Synagoge, die Frauen zum Fort du Hâ, einem finsteren Gefängnis aus der Zeit des Hundertjährigen Krieges, wo sie hungernd und von Läusen und Geschwüren gequält vier Wochen dahinvegetierten, bevor sie wieder zum Bahnhof geführt wurden. Ihre Hoffnung auf Befreiung durch eine Aktion der Résistance oder ein Vorrücken der alliierten Truppen war bitter enttäuscht worden. Heute sollte der Transport mit 600 Deportierten Bordeaux wieder verlassen.

Henriette konnte sehen, wie eine lange Kolonne von Häftlingen über die Abstellgleise zu den Waggons getrieben wurde. Sie hörte Kommandos mit dem harten Akzent der Deutschen, metallische Stimmen, die es gewohnt waren, dass sich niemand ihren Befehlen widersetzte. Wie Tiere wurden die Gefangenen in die Waggons getrieben, dann schlossen französische Bahnbeamte die Schiebetüren. Einige weiße Hände waren in den Dachluken zu sehen, hilflose Mahnrufe in der Glut dieses Augusttages.

»Es ist eine Schande, dass französische Beamte mit den Deutschen kooperieren und diesen Horror mitmachen«, sagte die Mutter leise. »Komm, wir müssen etwas tun.«

Sie versuchte, sich durch die Absperrung zu drängen, wurde aber von einem Feldgendarm aufgehalten.

»Was wollen Sie? Hier können Sie nicht durch.«

Der Soldat war jung und hatte ein rosiges Apfelgesicht.

»Wir wollen den Menschen nur etwas Wasser und Brot bringen«, sagte Henriettes Mutter.

»Das geht nicht«, antwortete der Soldat. »Der Zugkommandant hat befohlen, dass wir hier niemanden durchlassen dürfen.«

Henriettes Mutter fixierte ihn. »Dann rufen Sie den Kommandanten. Ich will mit ihm reden. Verstanden?«

Der junge Soldat wirkte einen Moment verblüfft. Dann sagte er: »Warten Sie hier.«

Er wandte sich ab, ging zu einer Gruppe von Uniformierten, die am Zug standen, und sprach mit einem Offizier, der einen Schäferhund an der Leine hielt. Der Kommandant nickte und kam dann auf Henriettes Mutter zu. Er hatte hängende Schultern, einen langen Hals und stechende Vogelaugen. Als er vor ihr stand, begann der Hund an seiner Seite leise zu knurren. Die Mutter erstarrte.

»Mögen Sie keine deutschen Schäferhunde? Vor ihm brauchen Sie wirklich keine Angst zu haben. Er ist ein braver Kamerad und hat noch nie einem Menschen etwas zuleide getan. Komm, Falko, gib Madame Pfötchen!«

Sie ergriff zögernd die Pfote. Der Offizier begann zu lächeln. »Er scheint Sie zu mögen. Was kann ich für Sie tun?«

»Wir möchten den Menschen im Zug etwas Wasser und Nahrung geben.«

»Madame, Ihre Hilfsbereitschaft in Ehren, aber Sie brauchen sich wirklich keine Sorgen zu machen. Ich werde dafür sorgen, dass die Menschen wohlbehalten in Dachau ankommen. Dachau wird Ihnen doch ein Begriff sein?«

Henriette sah, wie der Mund ihrer Mutter zuckte. »Aber bei der Hitze werden die Insassen verdursten.«

Der Offizier lächelte noch immer. »Pardon, Madame, aber ich muss Sie leider korrigieren. Sie scheinen offenbar nicht zu wissen, dass es sich bei den Insassen um Feinde des Reiches und auch Frankreichs handelt, Kriminelle und Terroristen. Aus Sicherheitsgründen bin ich gezwungen, jeglichen Kontakt der Insassen mit der Bevölkerung zu unterbinden. Ich darf kein Risiko eingehen.«

Unfähig, sich zu rühren, blitzten Mutter und Tochter ihn feindselig an.

»Schön, dass Sie Verständnis für meine schwierige Mission haben.« Mit diesen Worten wandte sich der Kommandant ab und ging zum Zug zurück. Der Schäferhund trottete brav neben ihm her.

»Wie kann ein Mensch nur so gemein sein!«, platzte Henriette heraus. Ihre Mutter fing an zu zittern, und auch sie selbst begann trotz der Hitze zu frösteln. Wenige Minuten später setzte sich der Zug in Bewegung. Im flirrenden Licht sah es aus, als würde er über glühende Schienen rollen.

»*Un train de fantôme* – ein Geisterzug«, flüsterte Henriette. »Warum bringt niemand den Zug zum Entgleisen, statt auf ihn zu schießen?«

Keiner der Umstehenden antwortete. Sie starrten fassungslos auf den Zug, bis er ihrem Blick entschwunden war.

Der Zug, den Henriette und ihre Mutter hatten abfahren sehen, rollte zunächst mehrere Tage ostwärts nach Nîmes, später rhôneaufwärts nach Norden. In einigen Dörfern reichten Rot-Kreuz-Schwestern kärgliche Nahrungsrationen durch die Schiebetüren hinein; sie wurden sofort gierig verschlungen. Die Gefangenen fingen durch Ritzen hindurch den Gewitterregen auf, der übers Dach der Viehwaggons gelaufen und völlig verdreckt war. Bei einigen Stopps war es ihnen möglich, auch das Wasser für die Dampfloks zu trinken. Nur wenige konnten entkommen; die verzweifelten Fluchtversuche waren hochriskant. Manche lockerten die Bodenbretter der Waggons und ließen sich auf die Schienen fallen. Andere nutzten beim Wasserholen die Möglichkeit zur Flucht.

In Sorgues bei Châteauneuf-du-Pape in der Provence

mussten die Deportierten den Zug verlassen und zu Fuß ins Dorf marschieren, weil eine Brücke zerstört war. Am Ende ihrer Kräfte, wurden sie von der Bevölkerung mit Nahrung und Wasser versorgt; einigen half man zu fliehen. Für die Übriggebliebenen wurde ein neuer Zug beschafft, und der Leidensweg ging weiter, obwohl amerikanische Panzer dem Konvoi bis auf wenige Kilometer nahe kamen, die Bahnhöfe brannten und in einem Ort ein Wehrmachtsoffizier die SS aufforderte, die Gefangenen zurückzulassen, damit die Waggons für den Transport von Waffen genutzt werden konnten. Auch die Résistance griff nicht ein, obgleich sie gute Chancen gehabt hätte, den Zug doch noch zu stoppen.

Am 28. August kam er im KZ Dachau an, wo 543 »Neuzugänge« verbucht wurden. Die Frauen schaffte man nach Ravensbrück. Nur wenige Insassen des Geisterzugs überlebten die Lagerhaft.

»Du wirkst heute angespannt«, sagte Heinz, als er Henriette abends in der Weinhandlung abholte.

»Halt mich fest«, flüsterte sie.

Er legte den Arm um sie, und jetzt spürte er, dass sie zitterte.

»Was ist los? Fühlst du dich nicht gut?«

»*Le train de fantôme*«, sagte sie leise.

»Was?«

»Ich war heute am Bahnhof und habe den Deportationszug gesehen.«

»Du wärest besser nicht dort hingegangen.«

»Ich weiß«, sagte sie. »Wenn ich es nicht mit eigenen Augen gesehen hätte, würde ich nicht glauben, dass die Nazis Menschen wie Vieh behandeln und in Gaskammern schicken.«

Heinz schwieg, aber sie konnte sehen, wie es hinter seiner Stirn arbeitete. Dann blickte er sie gequält an. »Ja, das ist die Grenze des Verstehbaren. Und es zeigt, wie tief ein Volk sinken kann.« Er seufzte. »Auch ich habe anfangs an die Ideale und Ziele der Nazis geglaubt. Ich war so naiv zu denken, dass wir die Welt erobern können. Ich war 19 Jahre alt, da ist man leicht beeinflussbar. Vielleicht ist das eine Erklärung – vielleicht...« Er stockte kurz. »Aber es ist keine Entschuldigung. Inzwischen ist mir klargeworden, dass man keine neue Weltordnung aufbauen kann, indem man anderen Menschen Leid zufügt und ihr Leben zerstört. Ich habe zu spät erkannt, dass der Nationalsozialismus zu Unterdrückung und Sklaverei führt. Ein schlimmer Fehler. Dafür muss ich wahrscheinlich einen hohen Preis zahlen, wenn der Krieg vorbei ist.«

Sie lehnte sich an ihn: »Ich kann heute nicht mit ins Hotel gehen.«

Er nickte. »Dann werde ich dich jetzt nach Hause bringen.«

Sie gingen schweigend durch die Abenddämmerung. Als sie die Haustür erreichten, blieb Henriette stehen und blickte ihn an.

»Ich habe in der letzten Zeit viel nachgedacht über dich und mich«, sagte sie. »Anfangs habe ich mich gegen die Vorstellung gewehrt, dich zu lieben. Aber es nützte nichts. Ich weiß, dass ich dir gehöre. Und ich will nichts daran ändern. Man kann vor der Liebe nicht weglaufen.« Sie küsste ihn und schloss die Tür auf. »Komm, lass mich jetzt nicht allein.«

* * *

Der Mann, der am nächsten Morgen die Weinhandlung betrat, trug einen schwarzen Ledermantel und war sehr groß. Henriette hatte ihn noch nie zuvor in ihrem Leben gesehen. Aber als er sie anlächelte, wusste sie schlagartig, wer vor ihr stand. Denn dieses Lächeln war berüchtigt. Jeder in Bordeaux wusste es. Dohse, dachte sie und spürte plötzlich, wie sich in ihr alles zusammenzog. Untersturmführer der SS. Sein Name war *das* Synonym für brutalen Terror, Folter und Erschießungen.

Sie sah, wie Dohse eine Weinflasche aus dem Regal nahm, daran schnupperte und dann das Etikett studierte. »Donnerwetter. Ein Château Mouton-Rothschild. Tolle Tropfen haben Sie hier, Mademoiselle.«

»Monsieur, Sie scheinen sich gut auszukennen«, sagte sie und zwang sich zu einem Lächeln, obwohl sie bis aufs Äußerste angespannt war.

Dohse blickte sie an. »Mademoiselle, haben Sie keinen Champagner? Dom Pérignon? Den trinke ich am liebsten zum Frühstück. Schon Voltaire sagte, dass die schäumende Natur dieses Weines das wahre Gesicht des französischen Volkes offenbart.«

»Tut mir leid, aber wir führen keinen Champagner.«

»Schade«, sagte Dohse. »Erlauben Sie, dass ich rauche?«

Sie nickte.

Er steckte sich eine Zigarette an und lächelte sie durch einen Schleier aus Rauch an. »Mademoiselle, ich habe den Eindruck, dass Sie mich gleich erkannt haben, obwohl wir uns bisher noch nie begegnet sind.«

»Monsieur, wer kennt Sie nicht?«

Er lachte. »Interessant. In Bordeaux wird offenbar viel über mich erzählt. Ich kenne hier eine Menge Leute. *Tout Bordeaux*. Feine Herrschaften und viele sympathische Gesinnungsgenossen. Auch Leute, die angeblich in der Résistance sind. Aber Sie dürfen nicht alles glauben, was diese Menschen tuscheln. Die Leute haben viel Phantasie und übertreiben gern in diesen Zeiten. Dummes Gerede. Zum Totlachen.«

Henriette schwieg.

»Sie werden sich vielleicht fragen, warum ich hier bin?«

Sie antwortete nicht.

»Haben Sie keine Ahnung?«

»Nein.«

Er blinzelte sie an. »Interessiert es Sie nicht?«

Sie starrte ihn an. »Was wollen Sie?«

»Erlauben Sie, dass ich Ihnen ein paar Fragen unter vier Augen stelle?«

»Ein Verhör?«

Er lachte. »Was für ein schauderhaftes Wort. Ich mag keine Verhöre.«

Henriette wartete ab und sah, wie er den Rauch seiner Zigarette genüsslich inhalierte, bevor er weitersprach.

»Mein Dienst hat mir berichtet, dass Sie sich mit einem Kameraden der Kriegsmarine angefreundet haben.«

»Ist das ein Verbrechen? Wollen Sie mich deswegen einsperren?«

»Um Gottes willen, wie kommen Sie auf diese Idee!« Er legte leicht seine Hand auf ihren Arm. »Sehe ich so furchterregend aus? Habe ich einen so schlechten Ruf in Bordeaux? Was für eine schlimme Phantasie die Leute doch haben.«

Dreckskerl, dachte Henriette und krallte die Nägel in die Handballen. Er treibt mich noch zur Weißglut, wenn er so weiterredet. Aber ich darf auf keinen Fall die Kontrolle verlieren.

Dohse blinzelte sie an. »Sie sind eine junge, schicke Frau und scheinen einen fabelhaften Geschmack zu haben.«

»So?«

Er lächelte süffisant. »Sie haben sich einen unserer besten Kameraden geangelt. Aber ich kann Sie gut verstehen. Oberfeldwebel Stahlschmidt sieht nicht nur blendend aus, er ist auch ein Soldat, auf den die Kriegsmarine stolz sein kann. Ein Vorbild. Beste Beurteilungen. Tadellose Führung. Zuverlässige nationalsozialistische Haltung. Saubere Lebensführung. Dienstbeflissen. In vielen Einsätzen bewährt. Verwundetenabzeichen und EK 2.«

Sie erwiderte nichts.

»Ein vorbildlicher Soldat«, betonte Dohse noch mal. »Deshalb kann ich Ihr Faible für den Kameraden Stahlschmidt verstehen. Aber« – er beugte sich vor und senkte seine Stimme zu einem verschwörerischen Raunen – »wie wollen Sie das Ihren französischen Mitbürgern erklären? Irgendwann wird das Gerede beginnen, das heimliche Geflüster der Nachbarn, die vagen Vermutungen, die versteckten Andeutungen. Viele werden es nicht verstehen. Wenn sich Ihre Vorliebe herumspricht, wird man Sie als *putain à boches* brandmarken, als *collaboratrice horizontale*. Das wäre doch sehr unangenehm, oder? Wollen Sie dieses Risiko wirklich eingehen?«

Henriette hörte ihm zu. Alles um sie herum begann plötzlich zu schwanken, wie in einem schlechten Traum.

Dohse lächelte wieder. »Sie sehen, ich bin aus reiner Fürsorgepflicht gekommen, um Sie vor den Vorurteilen Ihrer Landsleute zu warnen.«

Sie schwieg und zwang sich ihrerseits zu einem Lächeln.

Dohse reckte sein Kinn nach oben. »Andererseits: Sie sind sehr hübsch – Sie könnten auch eine Agentin der Résistance sein, die man auf den Kameraden Stahlschmidt angesetzt hat. Oder eine nicht registrierte Prostituierte. Dann müsste ich mir Sorgen machen. Große Sorgen sogar – und etwas unternehmen. Das könnte sehr unangenehm für Sie werden. Das verstehen Sie doch?«

Sie brachte keinen Ton hervor.

Dohse schnippte die Asche von seiner Zigarette. »Wahrscheinlich ist Ihnen nicht bekannt, dass unseren Soldaten der Geschlechtsverkehr mit gesundheitlich nicht kontrolliertem weiblichem Personal verboten ist. Stellen Sie sich mal vor, es käme zur Ausbreitung von Geschlechtskrankheiten. Abgesehen von den gesundheitlichen Folgen für unsere Soldaten würde dies auch unsere Kampfkraft schwächen. Verstehen Sie jetzt meine Sorge?«

Henriette zwang sich zu einem Nicken.

Dohse sah sie ruhig an. »Leider kann man in dieser Zeit niemandem trauen. Selbst den besten Freunden nicht. Obwohl wir für Frankreich nur das Beste wollen, hassen viele Franzosen unsere Soldaten. Wir müssen unsere Kameraden daher vor Übergriffen schützen. Pardon, genau deshalb war ich auch gezwungen, Erkundigungen über Sie einzuziehen.«

»Und was haben Sie herausgefunden?«

»Es ist gut, dass Sie keinen Kontakt zur Résistance haben. Ich kann Ihnen nur raten, halten Sie sich von diesen Bastarden fern. Dieser Bande können Sie nicht trauen. Das würde Sie nur in ernste Schwierigkeiten bringen. Und Sie wollen bestimmt keine Schwierigkeiten, oder?«

Henriette antwortete nicht.

»Schön«, sagte Dohse. »Schön, dass Sie so einsichtig sind. Sie können mir vertrauen. Ich meine es nur gut mit Ihnen.« Er streckte ihr die Hand entgegen. »Au revoir, Mademoiselle. Es war ein nettes Gespräch. Vielleicht ergibt sich irgendwann einmal die Gelegenheit zu einer weiteren Unterhaltung – vielleicht in meinem Büro? Da habe ich Champagner. Sie mögen doch Champagner?«

Sie erwiderte nichts.

Dohse lächelte sie wieder an. »Eine attraktive junge Frau wie Sie sollte sich von den Männern verwöhnen lassen und nur Champagner trinken. Er ist das einzige Getränk, das Frauen schöner macht. Das sagte schon Madame Pompadour, die Mätresse von Ludwig XV. Sie soll verrückt nach Champagner gewesen sein. Ich mag am Champagner diesen Hauch von Verruchtheit.«

Er hielt ihr immer noch die Hand entgegen. Es fiel ihr schwer, sie zu ergreifen, ihr war, als könne sie das Blut riechen, das an dieser Hand klebte, und den Angstschweiß der vielen Gefolterten.

»*Au revoir, Monsieur*«, sagte sie leise. Sie wartete, bis Dohses großer schwarzer Schatten durch die Eingangstür schritt und verschwand.

Eine Ratte, dachte sie, eine große, schwarze, gefährliche Ratte.

Kapitel 11

Die letzte Nacht

Während am 19. August 1944 in Paris die Bürger Straßensperren und Barrikaden errichteten, die Widerstandsbewegung aus dem Hinterhalt das Feuer auf deutsche Soldaten eröffnete und Partisanen mit Molotowcocktails patrouillierende Panzer angriffen, blieb es in Bordeaux ruhig. Die Stadt befand sich nach wie vor fest in deutscher Hand. 30 000 schwerbewaffneten Wehrmachtssoldaten standen im Département Gironde 10 000 überwiegend schlecht ausgerüstete Résistance-Kämpfer gegenüber. Bei einem Treffen mit dem Bürgermeister hatte die Führung der Standortkommandantur noch am 10. August erklärt, Bordeaux werde verteidigt bis zum letzten Schuss. Als aber die ersten amerikanischen Panzer Kurs auf die Stadt nahmen, änderte sich die Situation schlagartig. Der Kommandant des 64. deutschen Armeekorps ordnete für den 26. August den sofortigen Rückzug seiner Truppen an. Gleichzeitig sollten alle wichtigen Schlüsselstellungen in Bordeaux gesprengt werden: die Hafendocks, die Schiffswerften, alle Schiffe, der Bahnhof und die Eisenbahnbrücke. Wer konnte die Stadt retten?

Sie lagen auf dem Bett und konnten durchs Fenster sehen, wie die Abendsonne den Himmel über Bordeaux violett färbte.

»Ich habe Angst«, sagte Henriette.

Heinz stützte sich auf und blickte ihr ins Gesicht. Erst jetzt fiel ihm auf, dass sie sehr blass war.

»Was ist passiert?«

»Ich hatte heute Besuch.« Sie stockte. »Von einem besonders unangenehmen Kunden.«

»Besuch? Von wem?«

»Einem gefährlichen Kunden. Dohse.«

»Dohse von der Gestapo?«

Sie nickte. »Er kam heute Morgen in die Weinhandlung.«

»Was wollte er?«

»Er weiß, dass wir uns lieben.«

»Hat dich dieser Dreckskerl etwa belästigt?«

»Nicht direkt. Er meinte, dass ich einen guten Geschmack hätte und du ein vorbildlicher Soldat seist.«

»Ein Witz?«

»Nein, als Witz war das nicht gemeint. Er sagte, dass er aus Fürsorgepflicht gekommen sei, um mich vor den Vorurteilen meiner eigenen Landsleute zu warnen. Sie würden kein Verständnis dafür haben, dass ich dich liebe. Für sie sei ich eine *putain à boches*.«

»Fürsorgepflicht?« Heinz lachte laut auf. »Das ist für dieses Gestaposchwein ein Fremdwort. Seine Fürsorgepflicht besteht einzig und allein aus Fußtritten in den Bauch, Knochenbrechen, Zähneausschlagen, Auspeitschen und darin, Menschen an die Wand zu stellen.«

»Was heißt eigentlich Gestapo?«

»Geheime Staatspolizei. Sie wurde unter Hitler gegründet und zum allgegenwärtigen Überwachungs- und Verfolgungsapparat ausgebaut. Unter anderem soll sie politische Gegner bekämpfen und in ›Schutzhaft‹ nehmen.«

»Schutzhaft?« Henriette starrte Heinz an. »Ist es Schutzhaft, wenn Andersdenkende umgebracht werden?«

Er schwieg bedrückt. »Du hast natürlich recht«, sagte er dann. »Von Schutzhaft kann keine Rede sein. Die Gestapo hat sich zu einer Schaltstelle des Terrors entwickelt. Sie schreckt vor nichts zurück. Selbst die eigenen Soldaten werden bespitzelt und bei Vergehen an die Wand gestellt.«

»Ich möchte wissen, woher Dohse weiß, dass wir uns kennen.«

»Wahrscheinlich hat uns jemand zusammen gesehen, und wir sind denunziert worden. Die Gestapo lebt vom Denunziantentum, sie kann sich auf ein dichtes Netz von V-Leuten und Polizeispitzeln stützen. Auch hier in Bordeaux. Ohne sie könnte Dohse seine Behörde wahrscheinlich kaum in Gang halten.«

»Was sollen wir jetzt tun?«

»Ich muss handeln.«

»Handeln?«

»Ich werde diesen verdammten Bunker in die Luft jagen.«

Mit einem Ruck setzte sie sich auf. »Ich habe gewusst,

dass du es tun wirst.« Sie sah ihn eindringlich an. Sein Gesicht schimmerte bleich im violetten Licht der Abenddämmerung, wie das eines Fremden. »Wann willst du es tun?«

»Am besten noch heute. Ich habe alles vorbereitet. Soweit man so eine Operation vorbereiten kann.«

»Können wir nicht einfach von hier fortgehen?«, fragte sie. »Irgendwohin, wo kein Krieg herrscht?«

»Wohin? Auf eine einsame, friedliche Insel wie die Banc d'Arguin im Becken von Arcachon?«

Sie nickte.

»Ein schöner Traum«, sagte er. »Aber das geht leider nicht.«

»Dann lass uns einfach hierbleiben. Hier in diesem Zimmer.«

Er blickte sie an, sah ihre weißen Schultern, sah die Schatten unter ihren Augen und die dunklen Lippen.

»Das geht jetzt nicht mehr«, sagte er. »Ich bin an einem Punkt meines Lebens, wo ich mich entscheiden muss. Und ich habe mich entschieden.«

Henriette begann zu weinen. Er nahm sie in den Arm. »Bitte, weine nicht.«

»Verstehst du denn nicht?«, sagte sie. »Ich habe Angst um dich.«

»Doch, das verstehe ich.«

»Halte mich nicht für hysterisch«, bat sie. »Aber bevor ich dich kennengelernt habe, wusste ich nicht, wie es ist, zu lieben, und wie wahnsinnig die Angst sein kann, den Menschen, den man liebt, zu verlieren. Es würde mich zerreißen.«

»Es wird schon alles gutgehen«, beruhigte er sie. »Wenn ich den Bunker in die Luft jage, wird die Gestapo denken, dass es sich um einen Anschlag der Résistance handelt.

Dohse wird eine Zeitlang mit der Spurensicherung beschäftigt sein. Ich werde genügend Spielraum haben, um von der Bildfläche zu verschwinden. Aber wir werden uns eine Weile nicht sehen können. Die Résistance hat mir angeboten, dass ich bei der Familie Moga in Bordeaux untertauchen kann, so lange, bis die Wehrmacht abgezogen ist. Das wird nur noch ein paar Tage dauern.«

»Bist du dir sicher, dass du der Résistance vertrauen kannst?«

»Na ja, wem kann man heute noch trauen? Ich habe lange mit mir gerungen, und die Entscheidung ist mir nicht leichtgefallen. Aber ich kann jetzt einfach keinen Rückzieher mehr machen.«

»Ich glaube, ich werde sterben, wenn dir etwas zustößt«, sagte sie. »Ich kann mir ein Leben ohne dich nicht mehr vorstellen.«

»Ich mir ohne dich auch nicht«, antwortete er. »Ich will nicht sterben.«

Er nahm sie in seine Arme, und einen Augenblick lang schien es nur sie beide zu geben. Dann aber stand Heinz abrupt auf. »Ich muss gehen.«

Henriette nickte und sah zu, wie er seine Uniform anzog. Als er fertig war, holte er tief Atem. »*Au revoir, mon amour!*«

»*Au revoir*, Heinz.«

Sie küsste ihn ein letztes Mal. »Ich werde auf dich warten.«

Er nickte. Darauf verließ er das Zimmer, und sie hörte, wie seine Schritte sich entfernten.

* * *

Die beiden Gestapoagenten hatten ihren Wagen am Ende der Straße geparkt. Sie standen in einem Hauseingang. Der eine war groß und hager, der andere von kleiner, gedrungener Statur.

»Es ist zum Totlachen«, sagte der Hagere und stieß den Rauch seiner Zigarette aus. »Jetzt müssen wir schon unsere eigenen Leute beim Vögeln überwachen.«

Sein Kollege grinste und blickte auf seine Uhr. Es war kurz nach halb acht.

»Das kann ein langer Abend werden. Es heißt, dass die Französinnen ein unwahrscheinliches Temperament haben.«

»Kann ich bestätigen«, sagte der Hagere. »Und sie sind scharf auf Teutonen.«

»Soll wohl ein Witz sein.«

»Nein, das meine ich ernst. Ich habe mal eine Französin kennengelernt, die mir gesagt hat, dass es für sie ein besonderer Reiz ist, mit einem großen Teutonen zu schlafen.«

»Die Geschichte hast du mir noch gar nicht erzählt!«

»Bevor ich nach Bordeaux kam, war ich in Deauville stationiert. Das ist ein exklusiver Badeort in der Normandie. Viele reiche Pariser haben dort ihre Wochenendvillen. War toll, was uns da geboten wurde. Wir waren vorübergehend in einem Hotel mit Meeresblick untergebracht. Es hieß *Bel Air* und lag unmittelbar an der Seepromenade – ein richtig schicker Kasten aus der Belle Epoque. In seiner Glanzzeit verkehrte hier die Oberschicht Europas: Fürsten, Millionäre, Adel …«

Sein Partner pfiff anerkennend durch die Zähne.

»In dem Hotel habe ich eine Serviererin kennengelernt. Eine bildhübsche junge Französin. Sie hieß Emma, hatte grüne Augen und rotes Haar. Erst gab es nur flüchtigen Blickkontakt zwischen uns. Aber eines Morgens, nachdem sie mein Zimmer hergerichtet hatte, stand neben meinem Bett eine Vase mit einer Rose. Da wusste ich, dass sie scharf auf mich war. Ich habe auf einen Zettel ›Je t'aime‹ geschrieben und ihn dann neben die Rose gelegt. Das war der Beginn einer heißen Affäre. Man könnte auch ›Völkerverständigung‹ dazu sagen.« Er grinste. »Immer, wenn ich dienstfrei hatte, habe ich mich mit ihr in ihrer Wohnung getroffen. Ich war wirklich total in sie verknallt. Es war ungeheuer erregend, in dem fremden Land diese hinreißende Französin zu lieben. Aber ihr hat es offensichtlich auch großen Spaß gemacht, mit einem Boche zu vögeln.«

Der kleinere Gestapomann stieß seinen Kollegen an. »Ich glaube, es geht los.«

Jetzt sah auch der andere, wie etwa 100 Meter von ihnen entfernt eine männliche Gestalt aus einem Hauseingang auf die Straße trat und sich auf ein Fahrrad schwang.

»Da ist unser Mann«, sagte der kleine Agent.

Sein Kollege nickte. Die beiden Gestapoleute stiegen in ihr Fahrzeug und folgten dem Radfahrer in einiger Entfernung.

* * *

Heinz fuhr mit dem Fahrrad in Richtung Hafen. Es war ein heißer Augusttag gewesen, die Häuser hatten die Hitze des Tages gespeichert, und die Mauern strahlten immer noch etwas von dieser Wärme ab. Er fuhr nicht zu langsam und auch nicht zu schnell, im Fahrtwind konnte er immer noch den Duft von Henriettes Haar riechen. Doch je näher er dem Hafen kam, desto mehr wurde ihr Parfüm durch den Geruch von Dieselöl, frischer Schiffsfarbe und dem lehmigen Wasser der Garonne überlagert.

Ihm war warm in seiner Uniform, aber hinter seiner Stirn

fühlte er eine eigenartige Kälte, so als habe man ihm ein Stahlband um den Kopf geschraubt. Er musste daran denken, dass der Munitionsbunker in der Rue de Raze bewacht wurde. Wie viele Posten es an diesem Augustabend genau waren, wusste er nicht. In seinem Inneren hörte er zwei Stimmen miteinander streiten: Vergiss nicht, es sind deine Kameraden. Sie werden sterben, wenn du den Bunker ohne Vorwarnung sprengst. Du musst unbedingt verhindern, dass es Opfer gibt. Oder willst du bis an dein Lebensende mit dieser Schuld weiterleben? Dies sagte die eine Stimme. Aber wie um alles in der Welt willst du das verhindern?, wendete die andere ein; wenn du nichts tust, wird der Hafen zerstört und Tausende unschuldige Bürger kommen zu Tode. Denk an Dupuys Worte: Es wäre ein Verbrechen gegen die Menschlichkeit …

Die Docker waren bereits abgezogen. Den Wachposten aber hatte er nicht dienstfrei geben können. Warnen hatte er sie auch nicht können, das wäre viel zu riskant gewesen.

Was ist wichtiger, dachte er, das Leben meiner Kameraden oder das Leben von 3000 unschuldigen Zivilisten? Kann man das eine gegen das andere aufrechnen? Nein, das kann man nicht. Diese Rechnung ist Wahnsinn. Lieber Gott, was soll ich nur tun? Welchen Weg soll ich einschlagen?

Heinz lauschte in sich hinein. Und dann hörte er auf einmal Henriettes Stimme. Sie schien ihn zu fragen: »Wie willst du den Tod von Tausenden unschuldiger Menschen mit deinem Gewissen vereinbaren? Da wusste er, dass es kein Zurück mehr gab.

Schon konnte er den Bunker in der Rue de Raze sehen. Er wurde von Scheinwerfern angestrahlt und sah aus wie ein gefährliches, grau gepanzertes Tier, das zu schlafen schien.

Heinz ging zur Wachstube. Ein Posten stand vor der Tür.

Er rauchte und hatte ein junges Gesicht. Als er Heinz bemerkte, warf er die Zigarette weg.

»Alles in Ordnung?«, fragte Heinz.

Der Wachposten salutierte. »Herr Oberfeldwebel, keine besonderen Vorkommnisse.«

»Gut«, sagte er. »Ich gehe mal in den Bunker und sehe nach, ob auch dort alles in Ordnung ist.«

»Herr Oberfeldwebel, seien Sie vorsichtig«, sagte der Soldat. »Da lagert eine Menge Sprengstoff drin. Damit können wir ganz Bordeaux in die Luft jagen.«

»Ich weiß«, sagte Heinz und betrat die Wachstube, um den Schlüssel zu holen.

Dann ging er zum Bunker und schloss die Tür auf. Sein Herz schien so laut zu klopfen, dass er fürchtete, der Wachposten könne es hören. Es war das gleiche rasende Klopfen und die gleiche Angst, wie er sie im Trommelfeuer an Bord der *Blücher* erlebt hatte. Auch jetzt hing sein Leben wieder an einem seidenen Faden.

Es war sehr still in dem Bunker. Heinz horchte, aber er konnte nichts hören. Von draußen drang kein Geräusch herein.

Er blickte auf die Armbanduhr mit den schwach glimmenden Leuchtziffern. Es war kurz nach 20 Uhr. Jetzt ist es so weit, dachte er. Jetzt gibt es kein Zurück mehr.

Er spürte einen harten Knoten im Hals und musste ein paarmal schlucken, bevor er den Zünder einstellte. Seine Hände schwitzten, als er die Sprengladung scharf machte. Dann drang plötzlich ein leises Ticken durch die dumpfe Lautlosigkeit des Bunkers. Er spürte, wie sein Herz heftig zu schlagen begann.

Jetzt blieben ihm nur noch knapp fünf Minuten, um sich in Sicherheit zu bringen. Du musst ganz ruhig bleiben, dachte er. Du darfst jetzt keinen Fehler machen. Ohne Hast ging er durch die Bunkertür, verschloss sie und begab sich zur Wachstube zurück. Dort deponierte er den Schlüssel wieder an seinem Platz.

»Alles in Ordnung, Herr Oberfeldwebel?«, fragte der Wachposten.

Heinz nickte. »Alles in Ordnung.«

»Wünsche Ihnen noch einen schönen Abend«, sagte der Posten.

»Danke«, sagte Heinz und ging geradewegs zu seinem Fahrrad. Er merkte, dass sein Nacken nass war von Schweiß. Auch sein Hals und seine Brust waren nass. Er schwang sich auf den Sattel und fuhr davon.

Erst als der Bunker außer Sichtweite war, begann er heftig in die Pedale zu treten. Die Angst presste seinen Brustkorb zusammen, er hatte das Gefühl, kaum Luft zu bekommen. Aber die Angst machte sich auch in seinen Beinen bemerkbar. Sie waren weich wie Gummi.

Er fuhr in Richtung der Rue Calypso, wo er bei der Familie Dupuy untertauchen sollte. Erst dort würde er in Sicherheit sein – hoffentlich. Er hatte sich vorher ausgerechnet, wie lange er für die Strecke brauchen würde: etwa 15 Minuten. Jetzt kam ihm das vor wie eine Ewigkeit; ihm schien, als trete er auf der Stelle.

* * *

Die beiden Gestapomänner hatten beobachtet, wie Heinz sich kurz mit dem Wachposten unterhielt und dann in den Bunker gegangen war.

»Möchte wissen, was der hier nach Dienstschluss verloren hat – um diese Zeit«, sagte der Hagere.

Sein Kollege grinste. »Scheint einer von der besonders eifrigen Sorte zu sein, der für Dienstliches sogar ein Schäferstündchen mit seiner Freundin unterbricht.«

»Ganz schön blöd«, sagte der Hagere.

Sie schwiegen. Als Heinz nach ein paar Minuten wieder zum Vorschein kam und zu seinem Fahrrad ging, fragte der Kleinere: »Was machen wir jetzt? Sollen wir ihm folgen?«

»Das können wir uns sparen«, gab sein Kollege zur Antwort. »Wahrscheinlich will er so schnell wie möglich wieder zu seiner Freundin. Wir sollten lieber erst den Bunker inspizieren. Dann können wir über sein Liebesleben eine Meldung schreiben.«

»In Ordnung.«

Die Männer stiegen aus dem Wagen und gingen zu dem Wachposten. »Gestapo«, sagte der größere Agent und zeigte dem Posten seinen Ausweis.

Der Soldat starrte die Männer in Zivil an. »Irgendetwas nicht in Ordnung?«

»Nur eine Routinekontrolle«, sagte der Hagere. »Was wollte der Oberfeldwebel, der vorhin hier war?«

»Den Bunker kontrollieren«, sagte der Soldat. »Sie wissen wahrscheinlich nicht, dass da eine Menge Munition lagert, mit der man …«

»Mensch, Sie sollen uns hier keinen Vortrag halten!«, schnitt ihm der Gestapomann das Wort ab. »Holen Sie den Schlüssel, wir wollen einen Blick in den Bunker werfen.«

Der Soldat marschierte in die Wachstube und kam mit dem Schlüssel zurück. Die Agenten gingen zum Bunker. Der Soldat blickte ihnen nach. Er beobachtete, wie die beiden Agenten die Tür öffneten. Im gleichen Augenblick blitzte ein helles Licht auf, und ein glühender Wind fauchte aus dem Bunker. Es war das Letzte, was der Soldat spürte.

* * *

Heinz war in Höhe des Jardin Public, als die Kette von seinem Fahrrad sprang. Im gleichen Augenblick zuckte ein heller Blitz über den Abendhimmel, und es folgte ein heftiger Donnerschlag. Die ganze Stadt schien zu beben.

Mit zittrigen Händen fingerte er an der öligen Fahrradkette herum. Das Blut donnerte in seinen Schläfen, und heißer Schweiß lief ihm von der Stirn in die Augen. Endlich hatte er die Kette wieder auf das Zahnrad montiert. Schon hörte er das Knattern von Gewehrsalven und das Heulen einer Alarmsirene.

Er fuhr so schnell weiter, wie er konnte. Wenige Minuten später bog er in die Rue Calypso ein und hielt vor Dupuys Haus.

Dupuy schien ihn bereits erwartet zu haben. »Schnell, kommen Sie herein. Stellen Sie das Fahrrad hier im Flur ab.«

Heinz schob das Rad in den Eingang und folgte Dupuy ins Wohnzimmer, wo seine Frau wartete.

»Möchten Sie etwas trinken?«, fragte sie.

Erst jetzt spürte Heinz, wie trocken seine Kehle war. »Kann ich ein Glas Wasser haben?«

Dupuys Frau brachte ihm ein Glas. Er trank es gierig in einem Zug leer.

»Ich habe die Explosion gehört«, sagte Dupuy. »Sie sind ein mutiger Mann.«

»Für die Wehrmacht bin ich jetzt ein Kriegsverbrecher«, entgegnete Heinz und blickte zu Boden. »Ein Deserteur. Ein

Saboteur. Ich werde ein Leben lang mit diesem Stigma leben müssen.«

»Für mich sind Sie kein Verräter, sondern ein Mann mit Courage«, sagte Dupuy. »Aber ich denke, bevor wir uns weiter unterhalten, sollten Sie sich erst mal ausruhen. Wenn es Ihnen recht ist, werde ich Ihnen Ihr Zimmer zeigen.«

Heinz nickte und folgte Dupuy zu einem Raum im Obergeschoss. »Hier sind Sie erst mal in Sicherheit«, sagte Dupuy. »Jedenfalls für diese Nacht. Moga holt Sie morgen früh mit dem Auto ab und bringt Sie in ein anderes, besseres Versteck. Ihre Uniform werden Sie jetzt nicht mehr brauchen. Meine Frau gibt Ihnen ein paar Sachen von mir und wird die Uniform verbrennen.«

Heinz nickte. Dann sagte er: »Ich habe noch eine Bitte: Können Sie mir ein Blatt Papier und einen Stift zur Verfügung stellen? Ich würde gerne einen Brief schreiben.«

Dupuy verließ das Zimmer und kam nach kurzer Zeit mit Schreibzeug zurück.

»Danke«, sagte Heinz.

»Ich hoffe, dass Sie nach allem, was passiert ist, halbwegs schlafen können«, sagte Dupuy. Dann ging er.

Heinz schloss die Tür, zog die Uniformjacke aus und hängte sie über den Stuhl, der vor einem kleinen Tisch stand. Er wusste in diesem Augenblick, dass er sie nie wieder tragen würde. Eigenartig, dachte er, alles, was mir bis heute wichtig war, scheint nichts mehr wert zu sein.

Diese Jacke hatte ihm jahrelang alles bedeutet. Er war stolz darauf gewesen, sie zu tragen. Sie repräsentierte für ihn Disziplin und Ehre. Sie hatte ihn gewärmt und geschützt. Jetzt sah er nur noch ein blaues, raues Stück Tuch vor sich. Eine Jacke, die ausgedient hatte und keinen Wert mehr besaß. Madame Dupuy würde recht daran tun, sie zu verbrennen.

Er setzte sich an den Tisch, um eine Nachricht an Henriette zu verfassen. Einen Augenblick suchte er nach passenden Worten, dann begann er zu schreiben:

Mon amour,

ich hoffe, dieser Brief erreicht Dich. Ich wollte Dir nur sagen, dass Du Dir keine Sorgen um mich zu machen brauchst. Ich bin in Sicherheit. Doch ich wollte Dir noch etwas anderes sagen, selbst wenn ich mich vielleicht etwas ungeschickt ausdrücken mag (ich bin Soldat und kein Poet). Da ist etwas, das nur uns beide betrifft. Ich kenne Dich zwar erst seit kurzer Zeit, aber ich liebe Dich innig und von ganzem Herzen. Und das werde ich immer tun. Ich hoffe, dass wir uns bald wiedersehen, und ich hoffe, dass wir dann heiraten können.

Heinz

Er faltete den Brief zusammen, dann legte er sich aufs Bett. Es war sehr still, und in diesem Augenblick wusste er, dass etwas seit heute für immer entschieden war. Nichts würde mehr so sein wie zuvor.

* * *

Henriette war die ganze Zeit am Fenster stehen geblieben. Es herrschte eine geradezu friedliche Stille. Innerlich aber war sie alles andere als ruhig. Ihr Herz hämmerte so stark, dass sie es fast hören konnte. Sie musste daran denken, dass Heinz in diesem Augenblick für ihre Heimatstadt sein Leben riskierte, und die Angst um ihn schnürte ihr die Kehle zu.

Dann sah sie den Lichtblitz und hörte die Explosion – und wusste, dass er den Bunker gesprengt hatte. Sie hörte auch die Schüsse und die Alarmsirenen. Jeder in Bordeaux hörte es und wusste, dass sich etwas Einschneidendes ereignet hatte.

In diesem Moment klopfte es an die Tür. Es war Henri, ihr Vater.

»Hast du die Explosion und die Schüsse gehört?«, fragte er. »Ich glaube, die Résistance schlägt los.«

»Nein, das war nicht die Résistance.«

Er blickte sie überrascht an. »Woher willst du das wissen?«

»Es war Heinz«, sagte sie ruhig. »Er hat den Munitionsbunker in der Rue de Raze gesprengt.«

Er starrte sie an. »Das kann ich nicht glauben. Er ist ein deutscher Soldat. Warum sollte er das tun und sich damit gegen seine eigenen Leute stellen?«

»Er hat es getan, um Bordeaux vor der Zerstörung zu bewahren – und um das Leben von 3000 Menschen zu retten.«

»Wie kommst du denn auf diese Idee?«

»Heinz hat mir von einem geheimen Plan des Hafenkommandanten erzählt. Beim Rückzug der Wehrmacht sollte der gesamte Hafen gesprengt werden. Heinz war damit beauftragt, die Sprengung vorzubereiten, die Zünder und Sprengköpfe lagerten in der Rue de Raze. Aber dann hat er sich entschlossen, den Plan zu vereiteln und den Bunker zu sprengen. Denn ohne die Munition kann der Hafen nicht zerstört werden. Ursprünglich wollte die Résistance die Aktion durchführen. Aber sie haben keinen Freiwilligen dafür gefunden. Jetzt hat Heinz es getan.«

»Warum hast du mir nichts davon erzählt?« Ihr Vater war völlig perplex.

»Ich wollte euch nicht unnötig aufregen.«

»Jetzt wird man Jagd auf ihn machen, wie auf einen Deserteur.«

»Ich hoffe, dass er in Sicherheit ist«, erklärte Henriette. »Die Résistance hat versprochen, ihn so lange zu verstecken, bis die deutschen Truppen Bordeaux verlassen haben.« Sie blickte den Vater an. »Und dich bitte ich, ihn zu akzeptieren.«

Er nickte. »Ich hätte nicht gedacht, dass er ein so couragierter Mann ist. Er verdient unseren Respekt.«

* * *

Er trug einen Hitlerschnauzer und Haare, die von Pomade glänzten. Seine Freunde nannten ihn Pétri. Er hatte mit dem Vorurteil aufgeräumt, Bordeaux sei ein Provinznest und nur halb so groß wie der Zentralfriedhof von Paris. Das stimmte nicht. In den Zeiten von Résistance und Wehrmacht hatte Bordeaux dank Monsieur Pétri durchaus ein verstecktes Dolce Vita.

Er war Weinhändler und hatte eine neue Berufssparte erfunden: *Collaboration au vin.* Im mondänen Salon seines herrschaftlichen Hauses in der Nähe des Palais de la Bourse hielt er regelmäßig exklusive Weinzirkel ab. Zu diesen Jours fixes kamen all die lokalen Kollaborateure aus Politik, Verwaltung und Gesellschaft, um mit Offizieren der deutschen Standortkommandantur und der Gestapo edle Tropfen zu degustieren.

Pétri kannte die Schwächen seiner Gäste. Sie liebten Gänseleberpastete und exklusive Bordeauxweine, Champagner und Edelnutten. In der Horizontalen, so sein Kalkül, sollten die Salondamen aus den Smokings und Uniformen seiner Gäste nicht nur die Disziplin für eine Weile vertreiben, sondern vor allem ihre Zungen lösen. Zu diesem Zwecke setzte er besonders qualifiziertes Personal ein. Seine charmanten Aufklärerinnen mussten nicht nur attraktiv sein, sondern auch intelligent und nationalsozialistisch geschult. Außerdem mussten sie des Deutschen wie auch des Französischen mächtig sein.

Pétri profitierte von den privaten Lauschangriffen. Er kaufte Bordeauxweine zu Niedrigpreisen und expedierte sie nach Deutschland.

An diesem Abend präsentierte er seinen Gästen nicht nur erlesenen Champagner der Marke »Perrier-Jouët Belle Epoque«, sondern auch einen exklusiven »braunen Jahrgang«: den »NS-Ideologen« Herbert Martin Hagen, persönlicher Referent von Karl Oberg, SS- und Polizeiführer in Paris.

Für die meisten der Anwesenden war Hagen kein unbeschriebenes Blatt. Sie kannten ihn aus seiner Dienstzeit in Bordeaux. Dort war er von August 1940 bis Mai 1942 als Leiter des Sicherheitsdienstes (SD) tätig gewesen. Er sprach gut Französisch und hatte sich auf der Jacht des Königs von Belgien häuslich eingerichtet, die verlassen im Hafen lag.

In Bordeaux hatte Hagen Razzien auf Juden organisiert, die anschließend in den Tod deportiert wurden. Nur wenige waren ihm entkommen. Als enger Mitarbeiter Adolf Eichmanns hatte er zudem die Einrichtung eines Konzentrationslagers in der Region vorgeschlagen und die Jagd auf Widerstandskämpfer organisiert. Seine Brutalität war berüchtigt: Im Militärcamp Souges waren auf seinen Befehl am 24. Oktober 1941 50 Geiseln ohne Gerichtsverfahren hingerichtet worden, für Taten, die sie niemals begangen hatten. Die Todeslisten hatte er selbst zusammengestellt. Insgesamt waren in diesem Lager 229 Menschen erschossen worden.

Pétri ließ seinen Blick durch den mit roten Samtmöbeln ausstaffierten Salon schweifen und verspürte Genugtuung. Es roch nach Parfüm und exquisiten Zigarren. Im gedämpften Licht mehrerer Kronleuchter hatten sich deutsche Militärs und die Spitzen der Kollaboration versammelt und lauschten fast andächtig dem Referat, das SS-Sturmbannführer Hagen über die »Judenfrage« hielt.

»Die Bekämpfung des Judentums bildet von Anfang an ein Grundprinzip des Nationalsozialismus«, erklärte Hagen den Gästen. »Die Judenfrage ist für den Nationalsozialismus kein politisches oder religiöses Problem, sondern eine Rassenfrage. Damit ist die Möglichkeit eines Kompromisses von vornherein ausgeschlossen. Das Judentum ist für den Nationalsozialismus der Gegner schlechthin. Das Gleiche sollte auch für Frankreich gelten. Zu diesem Zweck sollte den Juden das Leben durch gesellschaftliche Ausgrenzung und staatliche Entrechtung so schwer wie möglich gemacht werden. Auch Frankreich muss ein Land ohne Zukunft für die Juden werden.«

Hagen hielt inne, die Gäste taxierend. Sein Mund sah jetzt wie ein dünner, harter Strich aus. Dann hob er den Arm. »Heil Hitler. *Vive la France de Pétain.*«

Die Gäste hoben ebenfalls den Arm zum Hitlergruß und begannen zu applaudieren. Dann klirrten die Champagnergläser.

Hagen stieß mit Pétri an. »Ein schöner Abend. Schicke Frauen hier.«

»Sind Sie interessiert? Ich garantiere natürlich Diskretion.«

»Ein anderes Mal. Ich muss heute Abend noch nach Berlin fliegen. Dienstliche Angelegenheit.«

»Verstehe«, sagte Pétri.

Hagen trank sein Glas leer. »Fabelhafter Champagner. Bei Siegen hat man ihn verdient, bei Niederlagen braucht man ihn. Ein Satz von Winston Churchill.«

»Sie kennen sich gut aus«, sagte Pétri. »Diesen Mann sollte man nicht unterschätzen.«

»Keine Angst«, sagte Hagen. »Eine Niederlage wird es nicht geben.«

In diesem Moment war eine heftige Detonation zu vernehmen. Ein Glas zerschellte am Boden, und die Gäste standen einen Augenblick regungslos. Dohse, der mit einer blonden Prostituierten am Fenster des Salons stand, öffnete die schweren Samtvorhänge und sah einen rötlichen Feuerschein über dem Hafen. Dann begann eine Sirene zu heulen.

Hagen löste sich aus dem Kreis der verdutzten Gäste und ging auf Dohse zu. »Was hat das zu bedeuten?«

»Ich befürchte, es handelt sich um einen Anschlag der Résistance«, sagte Dohse.

»Schöne Schweinerei«, schimpfte Hagen. »Ich dachte, Sie hätten diese verdammte Bande längst unter Kontrolle. Sie sollten weniger Champagner trinken und stattdessen mal wieder ein paar Geiseln erschießen lassen, damit diese Bastarde endlich Ruhe geben.«

»Jawohl, Herr Sturmbannführer«, quittierte Dohse die unwillkommenen Ratschläge.

In diesem Augenblick eilte ein livrierter Diener herbei. »Monsieur Dohse, Sie werden am Telefon verlangt.«

Dohse blickte Hagen an. »Bitte mich zu entschuldigen, Herr Sturmbannführer.«

Hagen musterte ihn. »Ich erwarte morgen einen ausführlichen Bericht von Ihnen.«

»Zu Befehl, Herr Sturmbannführer!«

Er schlug die Hacken zusammen, hob den Arm zum Hitlergruß und folgte dem Diener in die Eingangshalle, wo sich das Telefon befand.

Er nahm den Hörer in die Hand. »Hier Dohse.«

Am anderen Ende der Leitung ertönte die aufgeregte Stimme von Kommissar Poinsot. »Der Munitionsbunker in der Rue de Raze ist in die Luft geflogen!«

»War das die Résistance?«, fragte Dohse.

Er hörte, wie Poinsot hustete. »Sieht so aus.«

»Verdammt!«, knurrte Dohse. »Wie konnte das passieren? Haben Sie schon irgendwelche Erkenntnisse?«

»Ich bin gerade erst in der Rue de Raze angekommen.«

»Bin gleich da.« Dohse legte den Hörer auf, verließ die Eingangshalle und lief zu seinem Dienstwagen.

Der Fahrer blickte ihn an. »Wohin, Chef?«

»Rue de Raze«, befahl Dohse.

Wenige Minuten später bog der Wagen in die Straße ein. Dohse nahm einen intensiven Brandgeruch wahr und starrte ungläubig durch die Windschutzscheibe. Der Bunker war nicht mehr da. Stattdessen sah er ein Trümmerfeld aus verkohlten Betonbrocken, über denen ein weißlicher, schwelender Dunst hing. Wachmannschaften der Wehrmacht rannten herum, Bergungstrupps stocherten mit Stangen in dem Steinhaufen. Wasser strömte aus einer Leitung und überschwemmte die Straße. Etwas abseits standen Bahren, auf denen Tote lagen.

Dohse stieg aus. Poinsot kam ihm entgegen.

»Da hat jemand ganze Arbeit geleistet.«

»Unglaublich«, sagte Dohse. »Gibt es Überlebende?«

»Bisher wurden keine geborgen. Aber 13 Tote vom Wachpersonal. Es könnten noch mehr werden. Die Identifizierung wird schwierig werden.«

»Ich möchte wissen, wer für diese Sauerei verantwortlich

ist«, bellte Dohse und ging zu den Männern, die in den rauchenden Trümmern nach Überlebenden suchten. Einer klopfte mit einem Hammer gegen ein Rohr, das aus dem Betonfeld herausragte.

»Ruhe!«, schrie der Mann plötzlich. Er war dreckig, und Schweiß rann über sein Gesicht. Es wurde still. Er legte sein Ohr an das Rohr.

Dohse blickte ihn an. »Was ist los?«

»Ich glaube, da antwortet jemand.«

»Los, worauf wartet ihr noch?«, zischte Dohse.

Die umstehenden Männer begannen fieberhaft mit Schaufeln und Brechstangen die Steinbrocken wegzuräumen. Nach einer Weile sah Dohse eine weiße Hand, die sich verkrampft aus dem Trümmerfeld reckte.

»Tot«, stellte einer der Bergungsleute fest. »Hat keinen Zweck mehr.«

Doch plötzlich begannen sich die Finger zu bewegen.

»Beeilt euch!«, rief Dohse.

Ein Mann begann an der Hand zu ziehen. Dohse riss ihn zur Seite. »Was soll der Quatsch?«

Er beugte sein Gesicht dicht über den Schutt. »Sag was. Melde dich.«

Aber er bekam keine Antwort. Nur die Hand bewegte sich wieder, und jetzt war ein Stöhnen zu hören.

»Schneller!«, befahl Dohse. Die Männer versuchten, die Trümmer zur Seite zu räumen.

Der Kopf wurde zuerst freigelegt. Die Haare waren schwarz verkohlt, das Gesicht bis zur Unkenntlichkeit entstellt. Aber der Mann lebte. Dohse beugte sich über ihn. Plötzlich öffnete der Verletzte die Augen. Sie waren von einem blassen Hellblau. Dohse starrte in diese Augen, und dann erkannte er den Mann. Es war einer seiner Agenten.

»Was ist passiert?«

»Stahlschmidt!«, flüsterte der Mann.

»Was ist mit Stahlschmidt?«

»Mein Kollege und ich ...« Der Mann hustete und spuckte Blut.

»Weiter!«, sagte Dohse.

»Wir haben ihn beschattet. Er war im Bunker.«

Der Mann verdrehte die Augen – plötzlich waren sie weiß. Dohse wusste, dass weitere Fragen zwecklos waren.

»Er ist tot«, sagte er zu den umstehenden Männern. »Graben Sie ihn aus. Vielmehr das, was von ihm noch übriggeblieben ist.« Er stand auf und klopfte sich den grauen Betonstaub von seinem Ledermantel.

»Damit können wir die Akte Stahlschmidt wohl schließen«, sagte Poinsot. »Was für eine verrückte Idee, sich mit einem Bunker in die Luft zu sprengen.«

Dohse sah, wie die ersten Bahren mit den Toten weggeschleppt wurden. Dann starrte er Poinsot an:

»Ich möchte wissen, warum er das getan hat.«

»Vielleicht aus Liebeskummer?«

»Egal. Ich will, dass so lange gegraben wird, bis wir die Überreste dieses Schweins gefunden haben. Verstanden?«

Poinsot nickte. »Jawohl, Herr Untersturmführer.«

* * *

Heinz erwachte jäh im Dämmerzustand zwischen Traum und Tag. Das Licht des Morgens fiel ins Zimmer, aber die fetzenhaften Bilder der vergangenen Nacht waren noch da. Die Angst auch. Da wusste er, dass er nicht geträumt hatte.

Er stand auf, ging ins Bad, drehte die Hähne der Dusche auf und schäumte sich mit viel Seife ein. Minutenlang ließ er das heiße Wasser über seine Haut strömen, und dabei kam es ihm vor, als würde es die Spuren seines bisherigen Lebens wegspülen. Anschließend ging er wieder ins Zimmer zurück und zog frische Wäsche und einen Anzug seines Gastgebers an.

In diesem Augenblick klopfte es an die Tür. Es war Dupuy. »Beeilen Sie sich. Moga ist da, um Sie abzuholen.«

Heinz folgte Dupuy. Im Wohnzimmer wurde er von zwei Männern erwartet. André Moga erkannte er sofort, obwohl sie sich noch nie begegnet waren. Er hatte die typische Figur eines Rugbyspielers. Der andere Mann wurde ihm als Guy Cazenave vorgestellt.

»Du hast ganze Arbeit geleistet«, sagte Moga und reichte Heinz die Hand. »Wir waren heute Morgen in der Rue de Raze. Der Bunker ist vollkommen zerstört. Die Soldaten glaubten, sie seien von der Résistance angegriffen worden. Sie haben wild um sich geschossen und sogar das Feuer auf einige Häuser eröffnet. Jetzt besitzt die Wehrmacht keinen Sprengstoff mehr, um den Hafen zu zerstören.«

Heinz starrte Moga an. »Was ist mit den Wachposten?«

»Die Details erzähle ich dir später, wenn wir mehr Zeit haben. Wir müssen dich jetzt erst mal in Sicherheit bringen. Komm mit.«

Heinz nahm im Fond des Wagens Platz. Moga startete den Motor und fuhr los.

Heinz sah, wie das morgendliche Bordeaux draußen vorbeiglitt. Straßen, Plätze, Häuser. Es war eine fast lautlose Fahrt. Er schwieg. Ihm war nicht nach Reden zumute. Er musste ständig an die Sprengung des Bunkers denken und an die Opfer. Er hatte nicht erwartet, dass es leicht sein würde. Aber dass es ihn so mitnahm, damit hatte er auch nicht gerechnet.

Heinz fühlte sich ausgebrannt und erschöpft. Er dachte an Henriette. Würde sie seinen inneren Konflikt verstehen? Konnte sie ihm helfen?

»Wir sind da.« Es war Mogas Stimme, die Heinz aus seinen Gedanken riss. Der Wagen stoppte auf dem Cours de l'Yser vor einer Fleischerei.

»Komm«, sagte Moga.

Heinz stieg aus und folgte ihm in den Laden. Sie wurden bereits von Marceline, Mogas Mutter, erwartet.

Bienvenue chez les Moga, mon petit – »Willkommen bei den Mogas, mein Junge.« Sie musterte ihn kurz und begann dann zu lachen. »Du siehst komisch aus. Dupuys Klamotten sind viel zu klein für dich. Damit fällst du sofort auf. Ich habe andere Zivilkleidung für dich besorgt. Es sind Sachen von André, sie müssten dir passen. Ihr habt fast die gleiche Größe und könntet Brüder sein. Aber jetzt zeige ich dir erst einmal dein Zimmer.«

Sie ging vor ihm her und führte ihn in einen Raum im ersten Stock. »Fühl dich wie zu Hause«, sagte sie.

»Danke«, sagte Heinz.

»Wenn du irgendetwas brauchst, genier dich nicht, es mir zu sagen. Aber jetzt ruh dich erst einmal aus.«

Als sie das Zimmer verlassen hatte, kam André herein und blickte Heinz an. »Hast du noch Fragen?«

»Was ist mit den Wachposten vom Bunker?«

Moga nahm sich ein paar Sekunden Zeit für die Antwort. »Es ist die Rede davon, dass 15 von ihnen getötet wurden. Darunter auch zwei Agenten der Gestapo.«

»Was hatten die denn dort verloren?«

»Offenbar bist du beschattet worden. Einer hat den Anschlag nur kurz überlebt und berichtet, dass er gesehen habe, wie du in den Bunker gegangen bist. Jetzt glaubt die

Gestapo, dass du ebenfalls bei der Explosion getötet wurdest.«

»Mit so vielen Toten habe ich nicht gerechnet.«

Moga legte ihm die Hand auf die Schulter. »Heinz, denk daran, dass in diesem Krieg schon so vieles passiert ist, was sich nicht verhindern ließ. Und so vieles, über das wir nachdenken sollten. Aber wahrscheinlich werden wir das erst können, wenn alles vorbei ist.«

»Aber ich muss damit leben. Glauben Sie, dass man nach dem Krieg verstehen wird, warum ich das getan habe?«

»Daran solltest du jetzt nicht denken«, sagte Moga. »Denk daran, dass du Bordeaux vor dem Schlimmsten bewahrt hast. Dein Einsatz war nicht umsonst. Die Moral der Besatzer ist offenbar angeschlagen. Die deutsche militärische Führung glaubt anscheinend, dass die Résistance jetzt angreifen wird. Die Kommandeure der Wehrmacht und Vertreter der Stadt haben sich bereit erklärt, über einen Truppenabzug zu verhandeln.«

»Ich wollte Sie noch um einen Gefallen bitten«, sagte Heinz. »Können Sie diesen Brief jemandem zustellen, der mir sehr wichtig ist? Die Adresse steht auf der Rückseite.«

»Ich kenne die Adresse«, lächelte Moga.

Heinz blickte ihn überrascht an. »Dann kennen Sie auch den Empfänger?«

Moga nickte. »Wir haben dich beschattet und wissen, dass du eine französische Freundin hast. Du musst das verstehen. Wir mussten es tun, um sicherzugehen, dass wir dir wirklich vertrauen können.«

»Natürlich«, sagte Heinz und gab ihm den Brief.

»Ich werde dafür sorgen, dass er der jungen Dame ausgehändigt wird«, sagte Moga und wandte sich zum Gehen.

Korvettenkapitän Kühnemann war froh, dass ihm die Sprengung des Hafens nicht mehr abverlangt wurde. Er galt als gebildeter Mann, und es war kein Geheimnis, dass er während der vierjährigen Besatzungszeit freundschaftliche Kontakte zum Weinadel von Bordeaux pflegte. »Oncle Louis« Eschenauer, ein bekannter Weinexporteur, galt als einer seiner engsten Freunde.

Ähnlich wie Kühnemann hatte auch General Nake, der in einer Luxusvilla im Vorort Gradignan residierte, den Komfort der Stadt Bordeaux schätzen gelernt. Von beiden Offizieren hieß es, dass sie ihrem Standort nur ungern Adieu sagen würden, um ins zerstörte Deutschland heimzukehren. In einer Konferenz mit dem Präfekten und dem Bürgermeister erklärte sich General Nake bereit, die Stadt kampflos zu räumen. Als Gegenleistung forderte er vom Bürgermeister die Garantie, dass die deutschen Truppen unbehelligt abziehen könnten – keine Sabotageakte, keine kriegerischen Aktionen. Doch im Grunde konnte keiner der Gefolgsleute Pétains eine solche Garantieerklärung abgeben. Vor allem nicht im Namen der Résistance. Deren Chefs waren von den Verhandlungen überrascht.

Inzwischen hatte General Nake in einer Auflage von 500 Exemplaren eine Proklamation an die Bevölkerung drucken lassen. Darin kündigte er an, dass Bordeaux verschont werde, wenn seine Soldaten beim Abzug nicht angegriffen würden. Die Erklärung war allerdings nicht vom Bürgermeister unterzeichnet.

Nur wenige Eingeweihte wussten zu diesem Zeitpunkt, was tatsächlich hinter den Kulissen vor sich ging. Auf neutralem Boden traf sich Hafenkommandant Kühnemann mit dem Kommandanten der FFI, Rougès, Spitzname »Ségur«, zu Geheimverhandlungen: Kühnemann versprach, dass die deutschen Truppen am Sonntag, dem 27. August, bis spätestens 24 Uhr die Stadt verlassen würden. Dann könne sich die FFI in Marsch setzen und am Montagmorgen das Zepter in Bordeaux übernehmen. Nicht alle Befehlshaber der Résistance waren mit dem Geheimabkommen einverstanden. Sie wollten, dass die deutschen Besatzer bedingungslos kapitulierten. Falls nicht, wollten sie angreifen und die Boches aus der Stadt jagen. Aber mit welchen Truppen und mit welchen Waffen? Wie wollten sie eine schwerbewaffnete Armee, wie 30 000 mit Geschützen, Granat- und Flammenwerfern ausgerüstete Wehrmachtssoldaten bezwingen?

Kapitel 12

Tag der Befreiung – Tag der Abrechnung

Am Morgen des 28. August 1944 trafen die ersten Einheiten der Résistance in Bordeaux ein. Die Glocken der Kirchen begannen zu läuten, Musik begann spontan zu spielen, und Tausende zogen, immer wieder die Marseillaise anstimmend, durch die Straßen. Sie schwenkten kleine Fähnchen mit der Trikolore und feierten jubelnd das Ende der verhassten Besatzung. Aber schon kurze Zeit später schlug die Freude in Wut und Hass um. Hass und Frustration, die sich während der nationalsozialistischen Besatzungszeit aufgestaut hatten und sich jetzt gegen die collabos *entlud – gegen alle, die mit den Nazis kooperiert und Geschäfte gemacht hatten. Die Stunde der* Libération *war zugleich auch die Stunde der Abrechnung. Geschäfte von Kollaborateuren wurden geplündert und die Waren zu Schleuderpreisen verkauft. Frauen wurden als »Nazihuren« beschimpft, ihre Köpfe öffentlich kahlgeschoren. Manche der Richter waren* résistants de la dernière heure *– Widerstandskämpfer der letzten Stunde. Der wirklichen Résistance hatten sie niemals angehört.*

Henriette und ihre Eltern hatten sich der Menge angeschlossen, die, die Nationalhymne singend, durch die Straßen der Innenstadt zog. Sie hörten die Jubelschreie und sahen das Lächeln auf den Gesichtern der Menschen. Der Überschwang, die Freude, die die Bevölkerung in den letzten vier Jahren fast vollends verloren hatte, war endlich zurückgekehrt.

Henriette wurde vom Sog der Marseillaise mitgerissen. Aber ihr war nicht nach Fahnenschwingen, Jubeln und Tanzen zumute; sie dachte ständig an Heinz, dessen Brief sie erhalten hatte. Sie wusste, dass er lebte. Aber war er wirklich in Sicherheit? Würde die Résistance ihr Wort halten? Oder würde man doch noch kurzen Prozess mit ihm machen?

Als sie in die Nähe der Rue Bouffard kamen, geriet der Umzug plötzlich ins Stocken. In den Jubel mischten sich Wutschreie. »*La putain du quartier!* – Die Hure des Stadtviertels!«

Henriette musste sich auf die Zehenspitzen stellen, um zu sehen, was sich vor ihr abspielte. Über die Köpfe der Menge hinweg sah sie, wie mehrere Männer der Résistance eine junge Frau in den Hof des Hotels *Lalande* abführten. Man hatte ihr auf die Stirn die Inschrift »*La putain à Hitler*« eintätowiert.

»*Une poule à boches*«, sagte ein Mann neben ihr – »ein Deutschenflittchen. *Elle a couché avec un boche.* – Sie hat es mit einem Deutschen getrieben.«

Henriette spürte, wie ihr eine heiße Welle über den Rücken lief. Sie musste an die letzte Nacht denken, die sie mit Heinz verbracht hatte. Wenn diese Menschen wüssten, dass sie ihn liebte, würde man sie jetzt genauso quälen wie diese junge Frau im Hof des Hotels – wie eine Nutte der verhassten Deutschen.

Sie konnte sehen, wie einer der Männer hinter die Frau trat und damit begann, ihr die Haare abzuschneiden. Die Menge begann zu johlen und zu jubeln. Einen Augenblick lang hatte Henriette den Eindruck, in einen schlechten Film geraten zu sein. Aber das Geschrei, das über den Platz brandete, war nicht künstlich, kam nicht aus irgendwelchen Lautsprechern, sondern aus den Kehlen der Menschen um sie herum. Es war, als wohne sie einer modernen Teufelsaustreibung bei.

Plötzlich ließ sich in dem Gejohle eine andere Stimme vernehmen. Es war die ihres Vaters. »Es ist eine Schande, was man dieser Frau antut.«

Ein paar Gesichter in den vorderen Reihen der Menge drehten sich herum, und ein Mann, der an seiner Jacke das Emblem der FFI trug, warf Henriettes Vater einen feindseligen Blick zu. »Du bist wohl nicht für Gerechtigkeit?«

»Aber klar bin ich für Gerechtigkeit«, widersprach Henri. »Doch diese Art der Lynchjustiz sollte in einem Rechtsstaat nicht zugelassen werden. Wo ist der Richter?«

»Das Tribunal sind wir«, sagte der Mann mit dem FFI-Kennzeichen.

»Es ist leicht, sich hier und jetzt als Richter und Held aufzuspielen«, entgegnete Henri.

»Die Nazihündin hat sich mit einem Boche gepaart«, entgegnete der Mann. »Sie hat nichts anderes verdient und sogar Glück, dass wir ihr nur die Haare abschneiden, statt sie zu hängen.«

»Es ist keine glorreiche Tat, eine Frau auf diese Weise zu bestrafen.« Henri blickte seine Frau und Henriette an. »Kommt, lasst uns gehen. Es ist traurig, was sich hier abspielt.«

Sie lösten sich aus der Menge und ließen den Hass hinter sich.

Resigniert wandte sich Henriette ihrem Vater zu. »Ich verstehe es nicht. Warum schneidet man den Frauen die Haare ab? Warum müssen sie mit ihrem Körper für ihre Gefühle bezahlen? Warum macht man das nur mit ihnen und nicht auch mit den Männern, die mit den Nazis Geschäfte gemacht haben?«

Ihr Vater schwieg. Er wusste keine Antwort.

Am Abend saß Henriette allein in ihrem Zimmer. Ein langer Tag war vorbei. Ein Tag der Befreiung, aber auch ein Tag der Abrechnung. Sie hatte erlebt, wie die *résistants de la dernière heure* im Hof des Hotels *Lalande* kurzen Prozess mit der jungen Frau gemacht hatten. Niemals würde sie das unbarmherzige Schreien der Menschen an diesem Tag vergessen. Offensichtlich waren nicht nur alte Rechnungen beglichen worden, sondern auch uralte Vorurteile im Spiel. Die Frauen wurden vorgeführt wie im finstersten Mittelalter, und wie zu Zeiten der Inquisition waren ausschließlich Männer die Richter. Männer, die sich jetzt mit den Orden der *Libération* schmückten.

Sie spürte Wut in sich aufsteigen. In den Augen dieser selbsternannten Richter war auch sie schuldig, denn auch sie liebte einen Deutschen. Aber sie schämte sich nicht. Im

Augenblick zählte nur noch der Brief, den sie in Händen hielt. Sie wusste, dass Heinz lebte. Das war das Wichtigste. Nur daran wollte sie jetzt denken.

Da klopfte es an die Tür. Es war ihre Mutter.

»Du hast Besuch«, sagte sie und trat zur Seite.

In der Tür erschien – Heinz.

Henriette starrte ihn ungläubig an, als sehe sie einen Geist vor sich. Dann bewegte er sich langsam auf sie zu, und sie wusste, dass er es wirklich war. Sie flog in seine Arme und fühlte sich plötzlich losgelöst von Zeit und Raum. Das unbarmherzige Gebrüll, die Ereignisse dieses Tages, alles schien mit einem Mal vergessen, und wie aus einer fernen, anderen Welt, einer Welt aus Licht und Zärtlichkeit, drang leise ein Lied an ihr Ohr: *C'est lui que mon cœur a choisi …*

»*Mon amour*, ich will nie wieder ohne dich sein«, flüsterte Heinz.

Henriette lächelte. Nun wusste sie, dass alles gut werden würde, egal welche Schwierigkeiten die unmittelbare Zukunft auch brächte. Denn sie gehörten zusammen.

Epilog

Heinz und Henriette gaben sich 1949 in Bordeaux das Jawort. Die Besatzungszeit war vorbei, und wie alle Franzosen träumten auch sie von einem Neuanfang. Ihre Ehe wurde tatsächlich ein Bund fürs Leben; ihr Wunsch allerdings, auch Kinder zu haben, sollte sich nicht erfüllen. 60 Jahre waren sie verheiratet und lebten in der Stadt, in der im Krieg alles begann.

Ich habe Heinz und Henriette 1993 kennengelernt. Am 31. Januar hatte ich mir in Lacanau-Océan, wo ich lebe und arbeite, eine Ausgabe der Zeitung *Sud Ouest* gekauft und einen Artikel des Journalisten Christian Séguin gelesen, der in großer Aufmachung die Lebensgeschichte des deutschen Soldaten Heinz Stahlschmidt würdigte.

So erfuhr ich zum ersten Mal von seiner Courage, aber auch von der ungewöhnlichen Liebesgeschichte zwischen einem deutschen Besatzungssoldaten und einer jungen Französin, in einer Zeit, in der die Liebe so gefährlich sein konnte wie russisches Roulette. Ihre Liebe, die stellvertretend steht für das Schicksal Hunderttausender junger Französinnen und deutscher Soldaten in Zeiten der Résistance und der Wehrmacht, überwand alle Grenzen.

Mein Interesse als Journalist und Schriftsteller war geweckt, und es entstand die Idee, ein Buch über die beiden zu schreiben. Ich wollte sie kennenlernen und mit ihnen sprechen. Jutta Bechstein, die Leiterin der Bibliothek des Goethe-Instituts in Bordeaux, unterstützte mich bei meinen ersten Recherchen und besorgte mir die Telefonnummer des Ehepaars.

Wenige Tage später rief ich Heinz Stahlschmidt an. Ich sagte ihm, dass ich den Artikel über ihn gelesen hätte, berichtete von der Buchidee und bat ihn meinerseits um ein Interview. Er war einverstanden und gab mir seine Adresse. Am nächsten Tag fuhr ich nach Bordeaux in die Rue Mandron, wo er mit seiner Frau recht zurückgezogen in einem Einfamilienhaus lebte. Ich klingelte. Ein großer schlanker Mann öffnete mir die Tür. Er trug ein weißes Hemd, eine silbergraue Krawatte, eine graue Strickweste und eine dunkle Hose. Ich schätzte ihn auf Mitte 70, doch er wirkte noch immer dynamisch und jünger, als er war. Sein zurückgekämmtes Haar war nur an den Schläfen leicht ergraut. Ich konnte mir lebhaft vorstellen, dass sich die hübschen Mädchen in Bordeaux sicher des Öfteren nach dem jungen Besatzungssoldaten umgedreht hatten. Seine hellen blauen Augen blickten mich an, als wollte er mich auf Herz und Nieren prüfen.

Offenbar bestand ich die Prüfung, denn er forderte mich auf einzutreten. In etwas gebückter Haltung ging er durch einen schmalen Flur vor mir her. Es war der Gang eines Mannes, dem die Schatten der Vergangenheit wie ein schweres Gewicht auf den Schultern lasten. Wir betraten das Wohnzimmer. Es war mit gediegenen alten Mahagonimöbeln eingerichtet.

»Nehmen Sie Platz«, sagte er.

Ich sah, dass auf dem Tisch ein Kaffeeservice aus weißem Porzellan sowie ein Tablett mit Kuchen bereitstanden. Ich setzte mich. In diesem Augenblick kam seine Frau mit einer Kanne ins Wohnzimmer. Heinz warf ihr einen liebevollen Blick zu, und dann sagte er, an mich gewandt: »Voilà, meine Frau Henriette. *Une femme de cœur. C'est la meilleure.* – Eine Frau mit Herz, sie ist die beste.«

Sie war schlank und ebenfalls für ihr Alter noch sehr attraktiv. In jungen Jahren musste sie eine Schönheit gewesen sein. Ihr lockiges schulterlanges Haar schimmerte jetzt leicht silbern. Sie trug ein einfaches dunkles Kleid. Ich sah, wie Heinz sie ansah, mit dem Gesichtsausdruck eines Mannes, der seine Frau auch nach einem halben Jahrhundert Ehe noch immer verehrt. Er hatte ihr offenbar viel zu verdanken. Sie erwiderte seinen Blick, und ich sah, dass auch sie ihn nach wie vor bewunderte.

Henriette schenkte mir Kaffee ein und servierte mir ein Stück Kuchen. Heinz warf mir einen forschenden Blick zu. »*Alors*, Sie wollen also ein Buch über meine Geschichte schreiben.«

»Ja, ich kann mir vorstellen, dass sich viele Menschen dafür interessieren und wissen wollen, was sich damals in Bordeaux abgespielt hat und wie Sie den Hafen vor dem Untergang bewahrt haben.«

Er lachte, aber es klang bitter. »Da irren Sie sich leider gewaltig! Vielen hier ist diese Geschichte nach wie vor lästig. Ich war ja als Feind in der Stadt. Aber ich habe die Arbeit gemacht, die eigentlich Sache der Résistance gewesen wäre.«

Er begann sich etwas in Rage zu reden. Seine Frau legte ihm die Hand auf den Arm und sagte: »Henri, reg dich nicht auf, das alles ist doch schon so lange her, länger als unser halbes Leben.«

»Was wahr ist, muss wahr bleiben«, sagte er. Plötzlich

stand er. »Ich kann alles beweisen. Ich habe alle Belege und Akten. Kommen Sie.«

Ich folgte ihm in den Keller. Er ging zu einem großen Regal, das mit vielen Aktenordnern gefüllt war. »Da ist die ganze Geschichte dokumentiert.« Seine Stimme klang immer noch sehr erregt. »Bedienen Sie sich.«

Ich begann in verschiedenen Ordnern zu blättern, die mit unzähligen amtlichen Dokumenten gefüllt waren, und dachte, dass dieser Keller wie ein Tresor für ihn war, ein Ort, wo er den wichtigsten Teil seines Lebens aufbewahrte.

Später gingen wir zurück ins Wohnzimmer, und ich begann, ein paar Fragen zu stellen. Heinz Stahlschmidt war kein einfacher Gesprächspartner, ständig sprang er mit seinen Gedanken hin und her, wechselte plötzlich die Sprache, begann einen Satz auf Deutsch und beendete ihn auf Französisch oder umgekehrt.

Er machte es mir nicht leicht, seine Motive zu verstehen. Seine Erinnerung war wie ein alter poröser Film. Ein Film über seine Jugend, seine Ideale und die gestohlenen Träume einer Generation, die von den Nazis zynisch missbraucht wurde. Wahrscheinlich meint er nicht alles so, wie er es sagt, dachte ich. Und doch ließ sich nicht überhören, dass er auch jetzt, im Jahr 1993, manchmal fast so redete, wie er in seiner Jugend im Dritten Reich geredet haben dürfte: von Versailles, vom Ruhrkampf und von der Arbeitslosigkeit. Er wirkte auf mich wie der Verführte einer Generation, die man mit Lügen vergiftet hat. Und wie ein Mann, der immer noch mit der Vergangenheit kämpfte. Als junger Oberfeldwebel der Kriegsmarine lebte Stahlschmidt nach der Maxime »Führer, befiehl« – und doch wurde er eines Tages zum Rebellen. Während andere bis zuletzt Hitlers Befehle ausführten, folgte er seinem Gewissen und stellte sich auf die Seite der Menschlichkeit. Er wurde zum Widerstandskämpfer.

»Der Krieg war so gut wie verloren«, erklärte er. »Die Sprengung des Hafens hätte an seinem Ausgang nichts mehr geändert. Dieser Befehl war militärisch unsinnig. Das war nicht mehr mein Krieg. So kam es, dass ich für Frankreich gearbeitet habe – mit meinem deutschen Herzen.«

Leicht gefallen ist ihm das nicht, und im Laufe mehrerer Gespräche wurde immer deutlicher, dass seine Frau bei seiner Entscheidung eine wichtige Rolle gespielt hatte. Möglicherweise wäre die ganze Geschichte ohne sie anders verlaufen. Und ohne ihre Liebe hätte Heinz auch nicht das jahrzehntelange Spießrutenlaufen ertragen, das im Oktober 1945 begann und sein weiteres Leben dramatisch prägen sollte. Denn als der Krieg vorbei war, erfuhr er nicht etwa Anerkennung, sondern Demütigungen und Anfeindungen. Nach der *Libération* geriet er in den Strudel konkurrierender Widerstandsgruppen. Die Résistance wollte nicht akzeptieren, dass der Deutsche etwas getan hatte, was ihre Sache gewesen wäre. Einen Oberfeldwebel Heinz Stahlschmidt sollte es in der glorreichen Geschichte der Résistance nicht geben. Die Widerstandsbewegung wollte sich die Ehre der Rettung Bordeaux' selbst an die Brust heften.

Man versuchte, ihn mit Schikanen und Unwahrheiten zum Schweigen zu bringen. Der ehemalige Résistance-Hauptmann Paul Saldou etwa erklärte ihm, dass seine Mutter erschossen worden sei und sein Bruder in Deutschland im Gefängnis sitze.

Trotz alledem beschloss er, mit Henriette in Bordeaux zu bleiben. 1947 erwarb er unter seinem neuen Namen Henri Salmide die französische Staatsbürgerschaft und fand eine Anstellung bei der Waldfeuerwehr der Gironde. Doch sein

Vorgesetzter war ausgerechnet jener Paul Saldou, der ihn zuvor bereits wiederholt diffamiert hatte. Nun verbreitete er die Version, der Deutsche habe unter seinem Befehl und Schutz gehandelt – und bagatellisierte so Stahlschmidts Verdienst.

Doch auch ein amerikanischer Geheimdienst soll sich für Heinz interessiert haben. Eines Tages hätten ihm zwei Agenten ein ungewöhnliches Angebot gemacht: Für 100 000 Dollar und die amerikanische Staatsbürgerschaft sollte er ein Papier unterschreiben, in dem er erklärte, im Auftrag des amerikanischen Geheimdienstes gehandelt zu haben. Die USA erhofften sich davon vielleicht einen Vorteil bei der künftigen kommerziellen Nutzung des Hafens von Bordeaux. Heinz lehnte das Angebot ab.

Freiwillig stellte er seine Kenntnisse als Waffenmeister in den Dienst der Pioniere der 18. Militärregion (niemand in Bordeaux besaß so viel Sachverstand wie er) und entschärfte deutsche Minen in der Gironde – ein lebensgefährlicher Job. Im August 1952 beantragte er seine Versetzung zum Pumpenschiff im Hafen von Bordeaux und stand erneut unter dem Kommando desselben Hauptmanns Saldou, der allgemein als verdienter Mann galt. Bis zum 13. November 1969, dem Tag seiner Pensionierung, versah Heinz seinen Dienst für die Stadt Bordeaux, Jahr für Jahr 480 Stunden im Monat.

Sowohl in der Chronik der Résistance als auch auf den Beförderungslisten sucht man den Namen Heinz Stahlschmidt vergebens. Die Bilanz: Nach 18 Dienstjahren als *adjudant chef* erhielt er weder den entsprechenden Dienstgrad, der ihm zugestanden hätte, noch die entsprechende Pension. Es blieb ihm nur die Mindestrente. Als er seine Bitte um Anerkennung als Widerstandskämpfer an Valéry

Giscard d'Estaing, François Mitterrand und Maurice Plantier (den damaligen Minister für Kriegsveteranen) schickte, erhielt er lapidar zur Antwort, dass er den »Nachweis einer Widerstandsaktivität nicht erfülle«. An seiner Stelle wurden andere als die Retter von Bordeaux gefeiert und hoch dekoriert. Dem Verbindungsmann der Résistance, Schuldirektor William Dupuy, ließ die Regierung Glückwünsche und Belohnungen zukommen. Der Hafenarbeiter Jean Ducasse erhielt eine Silbermedaille der Stadt. Selbst der Schlosser, der den (nicht passenden) Schlüssel für das Munitionsdepot herstellte, erhielt einen Orden. Auch die französische Geschichtsschreibung tat sich schwer, die Courage des deutschen Oberfeldwebels anzuerkennen. Und dies alles, obwohl der wichtigste Zeuge, André Moga, der Widerstandschef aus Bègles, noch immer in der Stadt lebte und aus Stahlschmidts Verdienst um die Rettung der Stadt niemals einen Hehl machte. Seine Mutter Marceline versteckte nicht nur Heinz nach der Sprengung des Bunkers, sondern auch den Résistance-General und späteren Bürgermeister Jacques Chaban-Delmas drei Monate vor der Gestapo. Auch als Heinz nach der Sprengung des Bunkers untertauchen musste, fand er bekanntlich im Haus der Mogas ein sicheres Versteck.

André Moga starb am 22. Dezember 1992. Vier Tage bevor er ins Krankenhaus eingewiesen wurde, schrieb Christian Séguin im *Sud Ouest*, sei Moga noch bei Heinz gewesen und habe einmal mehr wiederholt: »Wir wissen genau, dass du, und nur du, den Hafen gerettet hast.« Im Angesicht des Todes schien ihm nur zu bewusst, dass er bald verstummen würde, ohne Stahlschmidt, mit dem er seit jenem Sommer 1944 befreundet war, rehabilitieren zu können. »Heinz war wie ein Bruder für uns«, wird er bei Séguin zitiert. »Er war sich bewusst, dass er für eine gerechte Sache focht. Er war ein entschlossener Mann, niemals auf seinen Vorteil aus. Ihn interessierten weder Titel noch Geld. Für mich war er der erste Widerstandskämpfer.«

Erst als sich Séguin mit den Akteuren und dem Munitionsbunker an der Rue de Raze beschäftigte, kam der wahre Sachverhalt ans Licht und Heinz endlich zu späten Ehren. Chaban-Delmas, der unter dem Decknamen »Chaban« in der Widerstandsbewegung gegen die deutschen Besatzer gekämpft hatte, überreichte »*notre ami Heinz*« am 19. Mai 1995 die Ehrenmedaille der Stadt.

Nun endlich begann sich die öffentliche Meinung in Frankreich zu wandeln. Der unbekannte deutsche Besatzungssoldat wurde plötzlich wahrgenommen. Am 6. Dezember 2000 ehrte man ihn mit dem Orden der Ehrenlegion.

Nach wie vor tun sich französische Patrioten und ehemalige Widerstandskämpfer schwer mit der Geschichte des Heinz Stahlschmidt. Die Diskussion und der Streit um diesen Mann zeigen aber auch, dass die Grande Nation ihre »schwarzen Jahre«, die eigene Vergangenheit, noch immer kaum bewältigt hat. 1940 spalteten sich die Franzosen in zwei Lager: in das kämpfende Frankreich unter Charles de Gaulle und in das der Kollaboration unter Philippe Pétain – also in Helden hier, Kollaborateure und Verräter dort. Im nationalsozialistisch besetzten Frankreich jagten französische Polizisten Juden, boten sich französische Freiwillige der deutschen Wehrmacht und der SS an, setzten Franzosen zu Hunderttausenden auf die Kollaboration mit den Deutschen. Ab 1942 begannen auch in Frankreich die Deportationen nach Auschwitz, Denunziationen jüdischer Bürger wurden von den Deutschen gefördert und machten selbst vor Familienbanden nicht halt.

Doch die antijüdischen Maßnahmen ließen nicht alle Franzosen kalt. Um ihre Solidarität zu bekunden, trugen manche den Judenstern. Die französische Post weigerte sich, den Briefverkehr von Juden zu überwachen und die Informationen den für jüdische Fragen zuständigen Behörden mitzuteilen. Manche Denunzianten wurden sogar gerichtlich verfolgt. Tatsache aber ist auch: Zwischen 1941 und 1944 sind unter Mitwirkung französischer Beamter etwa 75 000 Juden, darunter 12 000 Kinder, in Konzentrationslager deportiert worden, wo sie ermordet wurden.

In Bordeaux – so ein Vermerk von Hauptinspektor Marcel Manier vom 4. Oktober 1941 – war »die gesamte Bevölkerung völlig uninteressiert an den jüdischen Fragen«, und der Historiker Dominique Lormier bestätigt, dass der *collaboration bordelaise* zwar viele Schwarzhändler und Kriminelle angehörten, aber auch etliche Würdenträger der Stadt: Industrielle, Weinhändler, Mediziner, Anwälte, Geschäftsleute. Bekanntester Kollaborateur war Maurice Papon, der Präfekt von Bordeaux. *Un fonctionnaire est fait pour fonctionner* – ein Beamter soll pflichtgemäß seine Arbeit erledigen, sonst nichts, das war die Devise, und Papon hielt sich strikt an dieses Gebot, als die deutschen Truppen Bordeaux besetzten. Auf Papon, der die besten Schulen in seinem Geburtsort Paris durchlaufen hatte und als gebildet, elegant und zuverlässig galt, konnten sich die deutschen Besatzer verlassen. Er sorgte für die Enteignungen jüdischer Bürger und auch dafür, dass die Deportationszüge immer voll besetzt waren.

Nach der *Libération* freilich wollten die meisten Franzosen Widerstand geleistet haben. Die Fixierung der Erinnerung auf den Widerstand, so scheint es, überlagert die Erinnerung an die Kollaboration mit dem Feind. Von den in diesem Buch erwähnten Vollstreckern und Handlangern der Besatzungsmacht auf deutscher wie französischer Seite wurde übrigens nur Poinsot mit dem Tode bestraft; Dohse, Hagen und auch Papon starben hochbetagt in Freiheit. Reue zeigte keiner von ihnen.

Die letzten Worte, die Heinz Stahlschmidt bei der Arbeit an diesem Buch zu mir sagte, klingen mir noch im Ohr. »Über der Disziplin steht das Gewissen. Ich habe getan, was meine Pflicht ist. Nicht mehr, nicht weniger. Aber es war die beste Sache, die ich je gemacht habe. *Je ne regrette rien.*«

Zuletzt habe ich Heinz Stahlschmidt im Februar 2010 besucht, um ihn zu informieren, dass seine Lebensgeschichte in Deutschland veröffentlicht werde. Wenig später, am 23. Februar 2010, verstarb er im Alter von 91 Jahren. Auf seinem Grabstein, so hatte er noch verfügt, soll sein deutscher Name stehen. *»Bordeaux a perdu son sauveur«* – »Bordeaux hat seinen Retter verloren«, titelte die Zeitung *Sud Ouest* am Tag nach seinem Tod. Es hätte ihn sicher gefreut.

Danksagung

Mein besonderer Dank gilt Heinz Stahlschmidt und seiner Frau Henriette, die mir das Recht zur Veröffentlichung ihrer Lebensgeschichte übertragen haben.

Dank auch an meine Literaturagentin Michaela Gröner und meine Redakteurin Cornelia Kruse, die mir mit positiver Energie und in professionell präziser Weise geholfen haben.

Auch denke ich an die Unterstützung von Alain Cosculluela, Jutta Bechstein, Catherine Chamaiard, Stephan Gail, Peter Jakobs, Michel Meric, Michael Schaake, Stefan Schäfer, Ulrich Staudinger, Alexander Uelsberg und Michael Haas.

Erich Schaake,
Lacanau-Océan 2010

Mutig genug, um sich auf die Liebe mit einem Boche einzulassen: Henriette aus Bordeaux (1943).

Aufgewachsen in Dortmund, groß und gutaussehend: Heinz Stahlschmidt, kurz vor seinem Eintritt in die Kriegsmarine.

Beliebt und mit besten Beurteilungen: Oberfeldwebel Heinz Stahlschmidt *(links)* im Kreis seiner Marine-Kameraden.

Bordeaux, Rue de Raze: Die Überreste des von Heinz gesprengten Munitionsbunkers an den Hafenkais.

Neue Identität nach dem Krieg: Französischer Ausweis für Heinz Stahlschmidt alias Henri Mulla. Später nannte er sich Henri Salmide.

Ein lebensgefährlicher Job: Nach dem Krieg entschärfte Heinz Stahlschmidt deutsche Bomben und Minen in der Gironde.

Happy End einer großen Liebe: 1949 schlossen Heinz und Henriette in Bordeaux den Bund fürs Leben.

Der Bürgermeister und der Retter von Bordeaux: Jacques Chaban-Delmas *(links)* ehrt »notre ami Henri« im Dezember 2000 für seine Courage.

Länger als ein halbes Jahrhundert verheiratet: Henriette und Heinz Stahlschmidt (1999).

Quellen

Binder Frank/Schlünz, Hans: *Schwerer Kreuzer Blücher*, Berlin 1996

»Bordeaux dans la toile d'araignées SS«, vgl. http://abonnes.sudouest.com/papon/index.php?page = reperes&type = gestapo

Brun, Laurent: »1939–1945. Des Indiens à Lacanau«, in: *Le petit journal du Centenaire*, Lacanau-Océan 2006

Buisson, Patrick: *1940–1945 – Die erotischen Jahre*, Paris 2008

Caporal, Maguy: »Coques de noix contre cargos«, in: *Sud Ouest*, 6. 12. 2006

»›Der Selbstbetrug kann weitergehen.‹ Die Jahre der Kollaboration – unbewältigte Vergangenheit der Franzosen«, in: *Der Spiegel*, Nr. 2, 1979

Deutsche Seestreitkräfte in Erlebnisberichten: Kreuzer auf Feindfahrt, Rastatt o. J.

»Die erste und letzte Feindfahrt der Blücher«, vgl. http://home.arcor.de/Wolke1971/feindfahrt.htm

Du Porge, Bernard: »Quarante-neuf ans après, un héros de retour«, in: *Sud Ouest*, 7. 12. 2001

»Interrogé au nerf de bœuf«, vgl. http://abonnes.sudouest.com/papon/retro/sa/-Interroge-au-nerf-de-boeuf.php

Larochelle, Renée: »Le silence des agnelles«, vgl. www.

scom.ulaval.ca/Au.fil.des.evenements/2006/09.07/femmes.html

Lormier, Dominique: *Bordeaux brûle-t-il? La Libération de la Gironde 1940–1945* (Les Dossiers d'Aquitaine, Collection Mémoires de France), Bordeaux 1998

Meinen, Insa: *Wehrmacht und Prostitution im besetzten Frankreich*, Bremen 2002

Miguel, Pierre: »Bordeaux 29 août 1944«, in: *L'Express*, 24. 5. 2004

Paul, Gerhard: »Von Judenangelegenheiten hatte er bis dahin keine Ahnung«, vgl. www.akens.org/akens/texte/info/33/333407.html

Picaper, Jean-Paul/Norz, Ludwig: *Die Kinder der Schande. Das tragische Schicksal deutscher Besatzungskinder in Frankreich*, München 2005

Richard, Dominique: »Personne n'a oublié la Gestapo«, vgl. http://abonnes.sudouest.com/papon/index.php?page = reperes&type = gestapo

Sauhaber, Delphine: »Pour l'amour d'un Boche«, in: *L'Express*, 31. 5. 2004

Séguin, Christian: »Bordeaux a perdu son sauveur«, in: *Sud Ouest*, 24. 2. 2010

Séguin, Christian: »L' allemand qui sauva le port«, in: *Sud Ouest*, 31. 1. 1993

Séguin, Christian: »L'honneur d'un soldat allemand«, in: *Sud Ouest*, 19. 5. 1999

Séguin, Christian: »Le retour du soldat perdu«, in: *Sud Ouest*, 30. 4. 2001

Tillniac, Pierre: »Le dernier héros de 42 est mort«, in: *Sud Ouest*, 4. 12. 2002

»Un certain Friedrich Dohse«, in: *Sud Ouest*, 16. 6. 1987

»Unter dem Hakenkreuz«, vgl. www.dortmunder-stadtchronik.de; vgl. zum selben Thema auch http://stadtgeschichte.dortmund.de/project/assets/template1.jsp?content=me&smi=5.3&tid=17691

Vigneaud, Jean-Paul: »Oubliés dans le béton«, in: *Sud Ouest,* 3.11.2005

Jasmin Tabatabai
Rosenjahre

Meine Familie zwischen
Persien und Deutschland
ISBN 978-3-548-61073-3

Mit gerade mal zwanzig Jahren beschließt Jasmins Mutter Rosemarie, ihrer großen Liebe in den Iran zu folgen. Eine andere Welt empfängt sie: die turkmenische Steppe, die Salons von Teheran und das aufregende Leben in einer persischen Großfamilie, mit allen ihren Eigenheiten.
Sehr persönlich und in beeindruckenden Bildern erzählt Jasmin Tabatabai vom Leben ihrer Mutter, vom Zauber der iranischen Heimat und einer Kindheit zwischen zwei Welten.

»Eine beeindruckende Biographie«
WDR, west.art

»Jasmin Tabatabai beschreibt das Land ihrer Kindheit als Abenteuer, voll warmer Bilder und ungewöhnlicher Erfahrungen.«
Hamburger Abendblatt

List

www.list-taschenbuch.de

Ingeborg Jacobs
Wolfskind

Die unglaubliche Lebensgeschichte des ostpreußischen Mädchens Liesabeth Otto
ISBN 978-3-548-61034-4

Ostpreußen 1945. Auf der Flucht vor der Roten Armee verliert die siebenjährige Liesabeth Otto ihre Mutter und Geschwister. Allein irrt sie durch die Wälder und gerät auf der Suche nach Nahrung und Unterkunft ins benachbarte Baltikum. Unter unfassbaren Entbehrungen schlägt sie sich jahrelang durch, stets auf der Hut vor sowjetischen Häschern. Ein erschütterndes Schicksal, zugleich ein Panorama deutsch-sowjetischer Nachkriegsgeschichte.

»Vielleicht wäre es besser gewesen, ich wäre erfroren.« *Liesabeth Otto*

www.list-taschenbuch.de

List